Mères & Petits

Une éternelle histoire d'amour

À une mère du nom de Zaverben.

Coordination éditoriale : Nathalie Bec
Traduction : Valérie et Glenn Burney
Relecture et corrections : Cécile Beaucourt
Direction artistique : Antoine du Payrat
Conception graphique : Audrey Sednaoui
Fabrication : Mélanie Lahaye
Photogravure : Sele Offset (Turin)

ISBN : 2-08-011120-5
N° d'édition : FA1120-01
Dépôt légal : octobre 2003

Achevé d'imprimer en juillet 2003 sur les presses de l'imprimerie JCG à Barcelone.

Imprimé en Espagne

Anup et Manoj Shah

Texte d'Anup Shah

Mères & Petits

Une éternelle histoire d'amour

Flammarion

SOMMAIRE

GUÉPARD, *réserve nationale de Masai Mara, Kenya*

La mère & son nouveau-né

PREMIÈRE PARTIE

Premiers instants

pages précédentes
Impala, *réserve nationale de Masai Mara, Kenya*
Une mère et son petit âgé de deux jours se sont volontairement isolés du reste du troupeau. Ils le rejoindront dans un jour ou deux, après avoir minutieusement fait connaissance.

Buffle du Cap, *réserve nationale de Masai Mara, Kenya*
Un matin de bonne heure, nous apercevons cette femelle buffle gravide, au milieu d'un grand troupeau occupé à brouter. Des pique-bœufs à bec jaune la débarassent des parasites en picorant son cuir. Certaines femelles du troupeau sont déjà accompagnées de très jeunes petits.

Zèbre de Burchel, *réserve nationale de Masai Mara, Kenya*
Un soir, cette femelle zèbre a attiré notre attention car elle se tenait un peu à l'écart du groupe. La grossesse est un terrible handicap pour la future mère : elle est moins rapide que ses congénères, et si un lion s'approche, il choisira certainement de l'attaquer.

Léopard, *réserve nationale de Masai Mara, Kenya*
Zawadi transporte son petit dans sa nouvelle tanière, où un premier a déjà été mis à l'abri. Pour parcourir 400 mètres, elle a dû faire de multiples pauses et le déposer fréquemment sur le sol.

Un profond désir — Zawadi, une femelle léopard qui avait établi son territoire dans le nord du Masai Mara, recherchait avec ardeur un mâle avec qui s'accoupler. Elle déambulait, appelait et marquait son passage en urinant sur les gros arbustes et les troncs d'arbres. Elle faisait ainsi savoir à tous les mâles de passage qu'elle était prête à les rencontrer. La force de son désir était fascinante à observer. La femelle léopard est une solitaire qui évite généralement ses congénères. Mais lorsque son horloge biologique se manifeste, lorsque la nature l'exige, elle recherche activement la compagnie. Dès que sa progéniture est capable de se débrouiller toute seule, elle connaît des changements hormonaux qui la poussent à se mettre en quête de mâles avec lesquels s'accoupler. Le choix d'être mère ou de redevenir mère est une nécessité physiologique à laquelle elle ne peut que s'abandonner totalement.

Une grossesse à l'état sauvage — L'influence des hormones est également manifeste chez les zèbres, qui vivent dans un autre type de structure sociale. La femelle zèbre grandit dans un groupe constitué de nombreuses femelles adultes, de leurs petits et d'un étalon. Lorsqu'elle approche de la maturité sexuelle, elle découvre que ce dernier lui porte de plus en plus d'intérêt, vérifiant régulièrement son évolution. S'il persiste à la poursuivre, elle le rejette vertement, à coup de ruades de ses pattes arrière. Mais vient le moment d'un changement radical – la composition des hormones qui circulent dans son sang se modifie pour envoyer de nouveaux messages au cerveau. Envahie par cet afflux hormonal, elle finira par accepter ses attentions qui, bien vite, conduiront à l'accouplement.

Impala, *réserve nationale de Masai Mara, Kenya*
Cela fait deux heures que la future mère impala s'est installée à l'ombre. Tout est étonnamment calme ; les prédateurs semblent s'être éloignés pour se reposer. Et puis, soudain, elle met bas. Le nouveau-né se dresse très rapidement sur ses pattes et, dès qu'il peut marcher, se dirige vers sa mère pour téter. Celle-ci scrute l'horizon, à l'affût du danger.

Si l'effet apaisant des hormones n'est que de courte durée, il marque cependant le point de départ d'un changement physique : la femelle commence à grossir, signe du succès de l'accouplement. Son besoin de manger et de se reposer va croissant. Elle répond en fait aux signaux chimiques envoyés à son cerveau par son corps en transformation. Le plus surprenant, c'est que sa faculté d'adaptation à ces changements physiologiques n'a pas été acquise par l'expérience, ni transmise par ses congénères. L'instinct seul joue.

Le conflit mère-fœtus Tout au long de la grossesse, le giron maternel est le lieu d'une véritable bataille dont les ressources maternelles sont l'enjeu. Le fœtus tente de tirer parti au mieux du corps de sa mère pour obtenir des éléments nutritifs, menaçant par là même sa capacité à vivre de futures grossesses. La mère, quant à elle, tente de ménager son corps et de garder des réserves pour de prochains petits.

Le placenta est une membrane qui relie le fœtus au corps maternel et lui permet de partager son flux sanguin. Au travers de cette membrane, le fœtus diffuse une hormone qui bloque l'insuline de sa mère, ce qui a pour effet d'augmenter le taux de sucre du sang maternel, sucre dont il peut ensuite se nourrir. Mais le diabète qui en résulte met la santé de la mère en danger. Celle-ci s'est donc progressivement adaptée et a réagi en sécrétant plus d'insuline, ce qui a poussé le fœtus à augmenter sa production d'hormone bloquante, créant ainsi un cycle infernal. Autre exemple de conflit mère-fœtus, toujours aux risques et périls de la mère : l'augmentation de la pression sanguine maternelle, conséquence de la croissance des besoins en éléments nutritifs du fœtus.

La gestation, ensemble de transactions complexes entre le placenta et le sang maternel, est un jeu à hauts risques entre la mère et le fœtus. Cet étrange duel semble toujours être sur le point de tourner au drame, mais en réalité, l'équilibre entre les deux individus est toujours préservé, assurant la survie de chacun d'eux.

Naître dans les plaines Lors d'un après-midi nuageux, traversant les vastes étendues herbeuses du Masai Mara, nous découvrons une gazelle de Thomson qui semble très agitée. Nerveuse, elle se tient à l'écart du groupe. Ses contractions s'accélèrent ; le bébé commence juste à

GIRAFE, *réserve nationale de Masai Mara, Kenya*
Alors que nous recherchons, en vain, des panthères, nous découvrons une girafe qui vient juste de mettre bas, vraisemblablement à peine une heure plus tôt.
Un grand silence règne aux alentours. La mère reste près de son petit et se penche souvent pour vérifier son état. Elle le touche, le sent et le lèche Au bout d'un moment, ils se dirigent tous les deux vers des arbres, le nouveau-né encore tout titubant.

sortir. Elle est alors d'une extrême vulnérabilité. Si un grand prédateur, un gros félin, apparaissait soudain ? Elle pourrait toujours fuir, mais qu'adviendrait-il de son petit ? Et si c'était un petit prédateur, un chacal par exemple, elle pourrait essayer de se battre, mais elle risquerait d'être blessée. Éternel dilemme que vivent toutes les mères mammifères : jusqu'où aller pour protéger son petit ?

La mise bas de la gazelle s'est passée tout en douceur, sans aucune douleur apparente. Il a été prouvé que le processus de la naissance stimule l'amour maternel. Les étirements et les contractions extrêmes des muscles nécessaires à l'expulsion du bébé envoient des signaux au cerveau de la mère, modifiant son flux hormonal, ce qui a pour effet de conditionner son comportement maternel envers le nouveau-né.

Gazelle de Thomson,
réserve nationale de Masai Mara, Kenya
Cette gazelle de Thomson a mis bas en plein milieu de la savane, lors d'un après-midi nuageux. Une naissance tout en douceur, qui a pris moins d'une minute. La mère se met immédiatement au travail, libère le nouveau-né de son enveloppe de naissance, le nettoie du liquide amniotique et dévore le placenta.

Les toutes premières tâches La jeune mère gazelle semble captivée par la créature à laquelle elle vient de donner le jour et s'est immédiatement mise au travail. Elle a entrepris de libérer son petit des enveloppes fœtales, léchant le liquide amniotique, mangeant les membranes de naissance et dévorant avec ardeur le placenta. Les carnivores ne sont pas les seuls à manger le placenta, c'est aussi le cas des herbivores, qui se contentent pourtant toute leur vie de matières végétales, et de la plupart des mères primates. Les chimpanzés le dégustent même avec des tas de feuilles. La mère gazelle s'est ensuite mise à lécher le pelage mouillé de son bébé, pour le sécher, mais aussi pour stimuler sa respiration et d'autres fonctions vitales. Elle découvre l'odeur de son petit et le son de ses gémissements.

GAZELLE DE THOMSON,
réserve nationale de Masai Mara, Kenya
La mère inspecte maintenant son petit. Une autre gazelle curieuse s'approche ; pour faire connaissance avec le nouveau-né, elle le touche et le renifle.

Cobe Defassa,
réserve nationale de Masai Mara, Kenya
Un soir, dans une plaine luxuriante du Masai Mara, cette femelle cobe Defassa et son nouveau-né se tiennent à l'écart du groupe. Le petit exécute ses premiers mouvements, dans un équilibre précaire, tout autour de sa mère manifestement épuisée. Cependant, dès qu'il tente d'établir un contact physique avec elle, elle s'efforce d'y répondre d'un grand coup de langue.

La protection du petit Le nouveau-né gazelle commence sa vie en effectuant trois actions instinctives. La première est de se dresser sur ses pattes, ce qu'il réussit à faire assez rapidement, après quelques chutes. La deuxième est de se mettre aussitôt à la recherche des mamelles de sa mère. Celle-ci joue parfois à reculer pour que son petit avance ; elle semble vouloir lui dire : « apprends donc à marcher ». Enfin, après avoir tété et tourné autour de sa mère, le nouveau-né s'allonge par terre, le menton posé sur le sol. Une fois assurée que son petit est hors de vue des prédateurs, la mère s'éloigne nonchalamment pour paître, mais sans jamais aller trop loin, gardant un œil sur le nouveau-né. Elle semble brouter avec indolence, mais reste toujours aux aguets. Elle seule sait où se cache son petit, et il faut espérer qu'il en sera toujours ainsi.

L'imprégnation Au beau milieu de la matinée, une femelle gnou gravide s'est finalement allongée tout près de ses compagnes, sur le sol du Serengeti. Afin de mettre le plus de chances de leur côté, les femelles se regroupent et mettent bas à peu près toutes en même temps. Il s'agit d'attendre que de nombreux jeunes gambadent, pour que le rejeton ait le maximum de chances d'échapper aux prédateurs. Pour leur propre sécurité et celle du petit, les femelles peuvent même retarder la naissance en attendant que d'autres prennent le risque de mettre bas en premier. La future mère gnou est aux aguets. Elle a réussi à résister aux contractions le plus longtemps possible, mais à présent, plus rien ne peut arrêter la mise bas du petit. Elle ne peut plus qu'espérer une réaction en chaîne du groupe, déclenchant des naissances aussitôt après la sienne et, bien sûr, l'absence de prédateurs à proximité. La femelle, dangereusement exposée, regarde nerveusement autour d'elle. Ses yeux inquiets sont grand ouverts, elle se tend, force, accompagne le rythme autonome de ses muscles abdominaux. Ses contractions s'accélèrent jusqu'à ce que le corps et la tête luisants d'un petit gnou tout surpris émergent.

Le nouveau-né marque une pause, à moitié dans le corps de sa mère et à moitié dehors. Il cligne des yeux devant la lumière qui l'éblouit, accueillant toutes ces sensations visuelles inconnues. C'est à ce moment précis que sa mère tourne la tête vers lui pour renifler son odeur, première étape du court et merveilleux processus d'imprégnation.

Pendant ce moment bref et intense, mère et petit sont extrêmement sensibles aux signaux olfactifs, tactiles, visuels et sonores, chacun mémorisant ainsi la signature unique de l'autre. Après quelques minutes de cette imprégnation, le petit gnou saura retrouver sa mère au milieu de milliers d'autres gnous, et vice-versa.

Gnou, *réserve nationale de Masai Mara, Kenya*
La mère gnou regarde avec attention son nouveau-né. Du « petit paquet » qu'elle vient de mettre au monde émergent des pattes et on peut entendre des gémissements. Malgré les efforts répétés du nouveau-né pour se relever, elle se contente d'observer ; l'instinct la pousse à ne pas l'aider. Il réussit enfin à se redresser, dans un tangage incertain. Sa mère commence à le renifler et à le nettoyer. Au terme de cette première toilette, le petit a déjà trouvé son équilibre. Et puis, en moins de trois minutes, il réalise trois actions fondamentales : téter, marcher et courir.

Gnou,
parc du Serengeti, Tanzanie
Un soir du mois de mars, nous observons cette mère et son petit, au milieu d'un troupeau qui traverse une plaine, en pleine course. Le petit a certainement moins de deux semaines, et pourtant il est déjà capable de suivre le rythme de sa mère.

Mais l'imprégnation va bien au-delà de la simple reconnaissance. L'imprégnation, c'est aussi la fusion. Durant cette phase, courte et cruciale, les flux d'hormones déclenchent une multitude d'instincts maternels ; si la mère ne peut pas « faire connaissance » avec son petit, elle le rejettera. Le nouveau-né est lui aussi « programmé » pour s'attacher à un seul et unique congénère adulte dont il ne se séparera pas, et ceci même si l'individu n'est pas sa véritable mère.

Une identification et un attachement aussi rapides sont parfaitement adaptés au mode de vie des gnous et des herbivores en général. Ils vivent rassemblés en grand troupeau dont la composition ne cesse de changer. Une mère et son petit peuvent parfois être séparés par les mouvements du groupe. La mère doit s'assurer que ses maigres ressources sont bien utilisées pour nourrir son petit et non celui d'une d'autre. Et puis, il y a toujours la menace des prédateurs tapis non loin, à l'affût du repas facile que représente un nouveau-né.

Buffle du Cap,
réserve nationale de Masai Mara, Kenya
Par une matinée nuageuse, un petit groupe de buffles se repose pour ruminer. Un petit s'est endormi, rassuré par la présence de sa mère.

De précieux encouragements La jeune mère gnou s'est redressée et s'est reculée à quelques mètres de sa progéniture. Du petit paquet qu'elle vient de mettre au monde émergent des pattes. On perçoit des gémissements. Malgré les touchants efforts du nouveau-né pour se redresser, elle observe la scène sans bouger. Le petit tente à nouveau de se relever, sans succès. Après plusieurs essais, il réussit enfin à se tenir sur ses quatre petites pattes mouillées, dans un tangage incertain. Mais la loi de la gravité est finalement la plus forte, et il s'effondre sous les yeux de sa mère. Il se relève à nouveau et tente de marcher vers elle, mais il s'écroule à mi-chemin. Son instinct est cependant si fort qu'il se remet vite sur ses pattes, et avance en direction de sa mère. Elle recule alors, et le petit s'affale de nouveau. Trois tentatives… en vain. À la quatrième, la marche semble enfin devenir familière au petit. La mère, satisfaite, reste parfaitement immobile tandis qu'il titube vers elle. Finalement, elle guidera son museau vers sa mamelle. Pour les petits gnous, marcher, puis courir, est une question de survie, car ils sont entourés de prédateurs rapides. Plus vite le nouveau-né tient sur ses pattes, plus

Zèbre de Burchel,
réserve nationale de Masai Mara, Kenya
Ce nouveau-né est resté allongé tandis que sa mère broutait. Il est temps de se déplacer ; elle s'approche de son petit, qui comprend le message aussitôt et se redresse pour la suivre.

grandes sont ses chances de ne pas être la proie de l'un d'entre eux. En moins de quinze minutes, un petit gnou est capable de courir aux côtés de sa mère. La mère gnou lèche son petit et le renifle à de multiples reprises. Il reste collé à elle : lorsqu'elle s'allonge, il l'imite, et lorsqu'elle court, il glisse en essayant de suivre son rythme. Ils sont inséparables.

Les premiers instants des petits carnivores Alors que le nouveau-né lionceau, aveugle et sans défense, émerge du ventre de sa mère, il est accueilli par un bouquet d'odeurs et de saveurs. Avide, la mère attrape avec ses pattes son petit encore tout désorienté, l'approche de sa gueule et le lèche frénétiquement. De cette façon, non seulement elle le nettoie du liquide amniotique et des fragments du placenta, mais elle stimule également les nerfs qui contrôlent ses premières respirations.

Alors que la gestation du petit gnou dure neuf mois, celle du lionceau ne dure que trois mois et demi. À la naissance, le petit gnou est déjà grand, tandis que le lionceau est tout petit. Le développement du petit herbivore est bien plus avancé que celui du carnivore, dont le système nerveux, tout particulièrement, continue à se développer après la naissance. Il n'est donc pas étonnant que le lionceau rampe, titube et glisse encore plusieurs jours après sa venue au monde. La coordination parfaite des membres, qui permet des mouvements adaptés, n'apparaît que lorsque le système nerveux a atteint sa maturité.

Les nouveau-nés primates Les nouveau-nés primates naissent avec les yeux ouverts et s'accrochent immédiatement à la fourrure de leur mère. S'agripper avec force est un réflexe instinctif. Ils sont également capables de téter dès les premiers instants. Bien que leur cerveau soit relativement grand, il continue de se développer après la naissance. Les bébés primates sont très curieux et se mettent presque immédiatement à explorer leur environnement avec leurs yeux et leurs mains. Mais ils s'assurent dans le même temps de toujours rester en contact physique avec leur mère. Un petit singe ne laisse jamais sa mère s'éloigner. Il crie, mord et se débat pour rester accroché à elle.

Orang-utang, *parc national de Gunung Leuser, Indonésie*
Ce petit orang-outang, âgé d'à peine quelques semaines, vient juste de terminer sa tétée. Assis sur les pattes de sa mère, il observe, fasciné, le spectacle de la forêt tropicale.

Hippopotame, *réserve de Masai Mara, Kenya*
Caresse nez à nez au milieu de la végétation. La majorité des jeunes hippopotames naît en milieu aquatique. Ils savent immédiatement nager et remonter à la surface pour respirer. Le nouveau-né est en sécurité tant que sa mère est près de lui. Cette dernière devient très agressive si l'on s'en approche de trop près.

La raison du plus mignon est toujours la meilleure

Pauvre petit Après avoir allaité ses petits tout juste âgés d'une semaine, la femelle guépard scrute les alentours, s'assurant de l'absence de danger, puis quitte sa tanière pour chasser la gazelle. Les petits guépards sont aveugles et extrêmement vulnérables. Ils rampent jusqu'au coin le plus reculé, pleurent, tentent de se réchauffer les uns les autres, et finissent par s'endormir. Dans le ventre de sa mère, l'embryon est approvisionné en oxygène et en éléments nutritifs, protégé des accidents du monde extérieur. Il vit dans un paradis *in utero*. Mais lorsqu'il est expulsé par les muscles utérins, le fœtus émerge dans un monde froid et sans douceur. Puis, lorsque le cordon qui le liait au placenta est sectionné, le nouveau-né perd tout contrôle sur un certain nombre de facteurs essentiels à sa survie comme la nourriture, le refuge et la chaleur. Pas étonnant que le petit guépard, nu et sans défense, ait l'air aussi vulnérable.

La ligne de vie Pour le petit animal sauvage, sa mère est tout ce dont il a besoin. Allaiter, toiletter et garder son enfant au chaud, tel est le quotidien maternel. Mais la mère agit sur la santé, le développement et le bien-être de son enfant en bien d'autres occasions. Prenons l'exemple des girafes. Si un girafon a trop chaud, il court le risque de se déshydrater. C'est pourquoi la mère girafe installe ses petits dans un coin frais, à l'ombre. Par ailleurs, il a été prouvé que, chez les carnivores, la présence maternelle détermine la quantité d'hormone de croissance sécrétée par ses petits. Le contact physique avec la mère a, de plus, un effet apaisant. En fait, pour le petit, la présence de sa mère conditionne sa survie. S'il la perd, sa mort est quasi inévitable dans le monde sauvage.

double page précédente
Léopard, *réserve nationale de Masai Mara, Kenya*
Zawadi a laissé ses deux petits dans la tanière pour aller chasser. Dix heures plus tard, à la nuit tombée, elle retourne auprès d'eux. Après des retrouvailles affectueuses et de grands coups de langue, elle s'installe pour se reposer. Mais l'un des petits n'arrive pas à s'endormir et se blottit contre sa mère, détendue mais toujours aux aguets.

Lion, *réserve nationale de Masai Mara, Kenya*
Les lionnes du clan Bilashaka ont formé une crèche. Un matin, nous les trouvons en train de surveiller les petits qui jouent. Mascara se dirige vers l'un de ses lionceaux qui s'est un peu éloigné et s'assure qu'il sent bien sa présence. Le lionceau est visiblement ravi de l'attention qui lui est prodiguée. Mascara n'en est pas à son premier petit, c'est une mère expérimentée.

Lion, *réserve nationale de Masai Mara, Kenya*
En fin d'après-midi, le clan de Bilashaka émerge à peine de sa sieste. Les lionceaux semblent plus fringants que les lionnes. L'une d'entre elles a confortablement appuyé sa tête sur le dos de son petit.

pages suivantes
Lion, *réserve nationale de Masai Mara, Kenya*
Au petit matin, nous avons observé cette lionne marchant le long d'un sentier avec son unique petit. Le lionceau court devant sa mère. Elle se pique au jeu et le chahute avec sa patte.

Puis le lionceau s'est arrêté pour explorer les environs tandis que la mère a poursuivi sa marche. Resté derrière, le petit pleure jusqu'à ce que sa mère l'entende, s'arrête et attende qu'il la rattrape.

Opération séduction Bien que les mères obéissent à leur instinct pour s'occuper de leur progéniture, elles ne prodiguent pas leurs soins de manière égale à chacun des petits. Ces derniers ont plus d'un tour dans leur sac quand il s'agit de s'attirer leurs faveurs. Il y a d'abord l'échange des premiers signaux sensoriels, qui déclenchent les instincts de la mère. Et puis des millions d'années d'évolution ont contribué à susciter son dévouement. Le résultat ? Un petit vraiment adorable.

C'est une évidence : les petits animaux sont craquants. Prenons les lionceaux par exemple. Leurs pattes sont courtes, leur tête très large, leurs grands yeux marrons brillent au milieu d'un museau tout rond. Leurs mouvements sont maladroits, patauds et clownesques. Leurs odeurs et leurs petits cris les rendent également très attachants pour la lionne. Leur nature joueuse ne cesse de raviver l'instinct maternel. Dans une portée, toute chose étant égale par ailleurs, la survie du plus fort est en réalité celle du plus mignon.

D'adorables pelages Chez les primates, les signaux qui indiquent la vulnérabilité et la jeunesse des petits sont essentiels. Les particularités qui renforcent cette « attraction natale » sont : une petite taille, une grosse tête ronde, une démarche maladroite et un pelage de naissance très caractéristique. Quelques petits primates arrivent au monde dans une tenue très sophistiquée – des museaux sans poil et un pelage d'une couleur radicalement différente de celle des adultes. Ce « manteau de naissance » est très différent d'une espèce à l'autre et ne laisse place à la fourrure adulte qu'au bout de neuf à douze mois.

Les semnopithèques noirs donnent naissance à des petits dont la délicate couleur abricot contraste violemment avec la fourrure brune de leur mère ; les semnopithèques de Sumatra ont un pelage aux couleurs vives avec une bande sombre courant le long du dos, qui diffère nettement de la fourrure orange des adultes ; les macaques bruns sont blancs à la naissance, mais tournent progressivement au marron foncé ; un semnopithèque à coiffe est bien plus clair que sa mère. Il est vraisemblable que la couleur de naissance des petits primates agisse comme un signal pour déclencher des sentiments protecteurs chez les adultes, garantissant aux enfants des soins affectueux durant toute cette période vulnérable de leur vie. Cette théorie expliquerait ainsi les différences extrêmes de fourrure des semnopithèques, chez qui les petits sont pris en charge par toutes les femelles du groupe dès le premier jour de leur vie.

GIRAFE, *réserve nationale de Masai Mara, Kenya*
Pendant la journée, les mères girafes laissent souvent leur petit sous la surveillance d'autres membres du groupe et s'en vont brouter les feuillages. De retour de sa promenade, une mère caresse son petit avec son nez, tandis qu'un autre girafon observe la scène. Déjà grand de plus de deux mètres, il pourra bientôt brouter avec sa mère.

pages suivantes
SEMNOPITHÈQUE NOIR, *Indonésie*
Les semnopithèques sont noirs et leurs petits d'un brun rosé, à l'exception d'une population qui est rouge-brun avec des petits noirs. Les nouveaux-nés sont généralement élevés par l'ensemble des femelles et des jeunes du groupe.

SINGE NASIQUE, *Bornéo*
Le museau de la mère est rose, celui du petit, bleu. Il gardera cette couleur jusqu'à l'âge de trois ans. L'espèce des singes nasiques est particulièrement menacée.

Non contents d'être mignons, les petits jouent d'une autre ruse : séduire leur mère dès la naissance. En observant une mère carnivore et son petit, on remarque à de multiples reprises les tentatives de son rejeton pour établir un contact physique avec elle. Même lorsqu'elle montre clairement son mécontentement, il s'entête.

Des rivaux à croquer La compétition est féroce chez les petits carnivores pour accaparer l'attention de leur mère. Dans ce but, ils suivent bien sûr leur instinct en s'imposant et en pleurant, mais ils développent aussi les traits propres à l'enfance : l'audace, l'exubérance et la persévérance. Deux petites hyènes issues d'une même portée sont ainsi entrées dans une compétition fraternelle féroce dès le premier jour de leur vie. Elles sont nées dans une tanière et c'est dans l'obscurité que, au fil des jours et des semaines, l'une d'entre elles va attaquer et tourmenter l'autre ; il peut même arriver qu'elle le tue, soit directement soit en le poussant à mourir de faim, dans un terrible jeu macabre et fratricide.

Colobe guéréza, *Kenya*
Bien que le petit ait moins de deux semaines, sa mère le confie déjà à une autre femelle du groupe. La « nourrice » s'occupe du nouveau-né quatre à cinq heures par jour. Le groupe de colobes dont elles font partie est visiblement très uni, et il est fort possible que la « nourrice » et la mère soient des sœurs.

La plupart des primates mettent au monde un seul petit, et celui-ci reste longtemps l'unique rejeton, cinq ans chez les orangs-outangs et plus chez les chimpanzés. On constate que le petit s'acharne à attirer l'attention et la tendresse. Mais qui craint-il ? Celui ou celle qui n'est pas encore né, bien sûr. Car, inconsciemment, la mère primate garde ses réserves pour sa future progéniture. Dans le même temps, le petit exige qu'elle lui donne tout et tout de suite. Et pour parvenir à ses fins, il use de toutes les ruses dont il est capable, y compris l'attachement affectif.

Singe araignée, *Brésil*
Une mère protégeant son nouveau-né. Le museau du petit est rose. Cette couleur signale sa vulnérabilité et indique ainsi aux autres femelles qu'elles doivent faire attention à lui.

Douc, *Vietnam*
Alors que la face de la mère est de couleur terre cuite avec un museau blanc, celle du petit est noire avec deux lignes claires sous les yeux. Les doucs sont en voie d'extinction.

L'attachement

Un mystère demeure : pourquoi les femelles primates trouvent-elles les bébés aussi irrésistibles ? Il arrive que les jeunes femelles d'un clan kidnappent le petit d'un autre ; de jeunes femelles patas peuvent voler les petits des mères dominantes, et les femelles babouins ont cette irrésistible envie de porter les petits des autres. De même, un chimpanzé orphelin peut aussi être adopté par une femelle parente.

Une réponse rapide à la question du désir de petit est que la future mère a besoin d'expérience. Une réponse plus développée serait la suivante : bien que les mères primates réagissent aux variations hormonales, leurs réactions ne sont pas prédéfinies. La cause réside dans la structure du néo-cortex, la partie la plus récente de leur cerveau évolué. Cette partie du cerveau permet aux mères primates de réagir avec une plus grande souplesse qu'une mère félin par exemple. Mais ne plus réagir de façon stéréotypée et rigide rend l'apprentissage et la pratique importants, voire essentiels. En effet, c'est grâce à la pratique que les mères primates progressent. L'expérience configure de nouveaux réseaux neuronaux dans le cerveau. Pas étonnant dans ces conditions que les petits primates soient si remarquablement réactifs aux signaux de l'engagement maternel. Va-t-elle se montrer attentionnée ou négligente ? Si les mères primates étaient immédiatement aux petits soins, leurs petits ne seraient peut-être pas aussi sensibles.

Un petit primate ressent le désir irrésistible de toujours rester avec sa mère et d'attirer son attention. Il semblerait que le fait de capter l'énergie maternelle soit inscrit dans son psychisme même. La sélection naturelle, opérant au cours de milliers et de milliers d'années, a très vraisemblablement favorisé ceux qui ont réussi à rester en contact étroit avec leur mère. La recherche de l'attachement chez les petits est logique compte tenu des bénéfices corollaires : protection, nourriture, confort, chaleur, éducation et stabilité émotionnelle. Ceux qui sont restés près de leur mère ont très certainement reçu ces attentions que seule une mère expérimentée peut donner.

double page précédente
Léopard, *réserve nationale de Masai Mara, Kenya*
Lorsque Zawadi fait la toilette de ses nouveaux-nés, elle leur lèche le corps et tire sur leur fourrure. Malheureusement, malgré toute son attention et son dévouement, elle perdra un petit une semaine plus tard.

Gibbon à mains blanches, *parc national de Gunung Leuser, Indonésie*
Une femelle appelle, son petit en sécurité sur sa poitrine. Son cri se termine sur un crescendo alarmant, telle une sirène retentissant dans toute la forêt. Le petit reste très proche de sa mère pendant quelques années. Il est sevré à deux ans.

Éléphant d'Afrique,
réserve nationale de Masai Mara, Kenya
Un soir, dans une région marécageuse, nous découvrons une famille d'éléphants en train de se nourrir de végétaux aquatiques. Un petit, qui n'apprécie pas vraiment cette nourriture, trouve facilement un adulte de la famille pour jouer avec lui.
Chez les éléphants, les individus les plus vieux sont ceux qui, le plus souvent, jouent, guident et protègent les plus jeunes.

ci-dessus
Babouin vert olive, *réserve nationale de Masai Mara, Kenya*
Le petit babouin joue sur un tronc d'arbre abattu tout près de sa mère, lorsqu'une autre femelle de la troupe se dirige vers lui. Elle essaie d'attirer le petit en claquants des lèvres, mais hésite à le prendre, craignant de possibles représailles de la part de la mère.

ci-contre
Babouin vert olive, *réserve nationale de Masai Mara, Kenya*
À peine descendues des arbres où elles nichent, quelques mères et leurs petits s'assoient pour se chauffer au soleil. Un nouveau-né observe deux autres petits en train de jouer. Bien que fasciné par le spectacle, il ne semble pas décidé pour l'instant à quitter sa mère.

La qualité de la relation entre un petit primate et sa mère exige une certaine sensibilité, une capacité à décoder les signaux de l'autre et à se signaler avec précision et exactitude. Ainsi, celles qui sont plus sensibles aux pleurs de leurs petits, lorsqu'ils ont faim ou peur, sont également mieux préparées à réagir de façon appropriée, ce qui renforce leurs chances de les amener jusqu'à la maturité. Une progéniture qui réagit aux ordres de sa mère et agit en conséquence aura certainement une vie plus facile.

Il semblerait que les mères les plus sensibles aient les enfants les plus sereins. Ils jouissent d'une sécurité de base qui leur permet de communiquer avec le monde extérieur. Pas étonnant que nous prenions cette sensibilité pour de l'amour, cet attachement extraordinairement émotionnel.

Impala, *réserve nationale de Samburu, Kenya.*
Au milieu de la matinée, le harem d'impalas profite de l'ombre. Certaines femelles se reposent, une mère et son petit se calinent tendrement et renforcent ainsi leur lien.

pages suivantes
Orang-outang, *réserve nationale de Samburu, Kenya.*
Généralement le nouveau-né orang-outang se cramponne à la fourrure de sa mère, et observe la vie de la forêt tropicale. Perdue dans la contemplation de son petit qui tète, Suma semble submergée par une vague d'émotions. Il est possible que l'affection maternelle soit contrôlée par les taux d'hormones, de façon à ce qu'elle soit à son apogée pendant la période d'allaitement. La composition des hormones qui circulent dans le corps de la mère varie lorsqu'elle arrête de nourrir son petit et lorsqu'elle tombe à nouveau enceinte.

Guépard,
réserve nationale de Masai Mara, Kenya
En cette fin de journée, la mère guépard est aux aguets sur un monticule. L'un de ses trois petits se réveille. D'abord surpris par son bâillement, il se précipite ensuite vers elle pour recevoir de grands coups de langue.

Buffle du Cap, *réserve nationale de Masai Mara, Kenya*
Au petit matin, dans les hautes herbes, un troupeau de buffles se met en mouvement. Les mères et leurs petits conservent toujours la même place à l'intérieur du groupe.

Éléphant d'Afrique,
réserve nationale de Masai Mara, Kenya
Tout en broutant, une mère éléphant garde un œil sur son tout jeune petit, qui n'a visiblement aucune envie de vagabonder.

Nourrir le tout petit

Des biberons ambulants Un nouveau-né gazelle, guépard ou orang-outang a peu de chance de rencontrer un jour son père. Cela ne lui manquera pas d'ailleurs. Sa mère lui donne tout ce dont il peut avoir besoin. Chez tous les mammifères, l'alimentation du petit est inscrite dans le système reproductif de la mère et non du père. Les processus biologiques qui règlent la fécondation et la gestation des mammifères font de la mère le seul parent à être certain que son petit est le sien ; les mâles, au contraire, hésitent à s'occuper d'une progéniture qui peut ne pas être la leur. Par conséquent, il n'est pas surprenant que la mère mammifère soit la plupart du temps, mais pas toujours, une « mère célibataire ».

Le petit s'accommode, lui aussi, de la cellule monoparentale, car le lait maternel couvre absolument tous ses besoins jusqu'au moment où il sera prêt à manger de la nourriture solide. Il contient en effet tous les éléments nutritifs nécessaires à sa croissance. Il est stérile et sort de la mamelle à la bonne température. Il peut être donné n'importe où et à n'importe quelle heure.

Des calories pour la mère La mère qui allaite doit se nourrir davantage qu'à l'accoutumée, ce qui est souvent difficile. Prenons l'exemple d'une mère guépard que nous observons un jour dans le Masaï Mara. Elle a mis bas une portée de quatre petits, qu'elle garde cachés dans sa tanière. Durant leurs huit premières semaines de vie, les petits sans défense sont toujours mis à l'abri dans une succession de tanières, afin qu'ils puissent apprendre tranquillement à coordonner leurs mouvements et qu'ils deviennent suffisamment forts pour la vie itinérante qui les attend. Pour nourrir convenablement sa progéniture, la mère doit veiller à bien s'alimenter, ce qui signifie chasser la gazelle. Or les gazelles suivent leur propre instinct et vont là où l'herbe est verte. D'où un problème pour notre mère guépard, puisque son terrain de chasse ne cesse de se déplacer et de s'éloigner de sa tanière. Elle a donc choisi d'emmener ses petits vers une tanière mieux

double page précédente
Léopard, *réserve nationale de Masai Mara, Kenya*
Demi-queue transportait ses deux petits l'un après l'autre vers une autre partie de son territoire, lorsqu'elle a été surprise par la pluie. Après l'averse, elle les a réconfortés par un brin de toilette affectueux avant de les allaiter.

Éléphant d'Afrique, *réserve nationale de Masai Mara, Kenya*
Fouillant une végétation malingre, une femelle s'arrête pour que son petit puisse téter.

située, plutôt que de faire des trajets toujours plus longs à la poursuite des gazelles. Transportant ses vulnérables rejetons, un par un, dans ses mâchoires, elle réussit à achever cette périlleuse aventure avant le crépuscule. Le lendemain matin, nous voyons un lion mâle se diriger vers la nouvelle cachette, et tuer l'un après l'autre tous les petits. La mère observe, anxieuse et impuissante. Une fois le lion parti, elle se glisse prudemment dans la tanière. Visiblement choquée, elle contemple le carnage. Pourtant, elle continue à appeler et à chercher, espérant trouver quelque signe de vie d'un petit guépard. Lorsque la nuit tombe, elle cherche toujours, mais elle n'appelle plus. Elle gémit. Si les mères guépard pouvaient pleurer, elle sangloterait.

Des mères marathoniennes On sait que la femelle hyène tachetée est généralement plus grosse et plus agressive que le mâle. Ce qui est moins connu, c'est sa dévotion pour sa progéniture, constamment insatisfaite. Les petites hyènes dépendent entièrement du lait de leur mère jusqu'à leur sevrage qui intervient entre leur douzième et leur seizième mois. Elles connaissent ainsi la plus longue période de dépendance au lait maternel de tous les carnivores.

Au Serengeti, deux femelles hyènes d'une même meute, une dominante et une subordonnée, mettent bas la même semaine, dans deux endroits différents du terrier commun. Quand vient le moment de se nourrir, la structure hiérarchique du clan ne simplifie pas la tâche de la mère subordonnée. Lorsque des proies sont mises à mort aux alentours du repaire, la mère subordonnée doit se contenter des restes, laissant les meilleurs morceaux à la mère dominante. Dès la naissance de ses petits, la subordonnée doit donc chasser toujours plus loin du terrier pour compléter son alimentation, afin de produire assez de lait pour ses deux petits affamés. Pendant qu'elle est à la chasse, sa progéniture souffre, non seulement de la faim mais aussi du spectacle des autres petits se gorgeant du lait de la mère dominante. Lorsqu'ils tentent leur chance en s'approchant de ses mamelles, ils se font rabrouer et mordiller. Ils ont de la chance qu'elle ne les tue pas sur-le-champ – la concurrence entre les mères hyènes les mène parfois jusqu'au cannibalisme. Le dévouement et la générosité de la hyène peuvent être immenses quand il s'agit de sa progéniture, tout autant que son égoïsme et sa cruauté quand il s'agit des petits d'une autre.

ORANG-OUTANG, *parc national de Gunung Leuser, Indonésie*
Après une brusque averse, Suma réconforte Forester en l'allaitant. Les mères orangs-outangs allaitent généralement leur petit jusqu'à l'âge de cinq ans, mais il continue parfois à téter bien plus tard si la mère le permet.

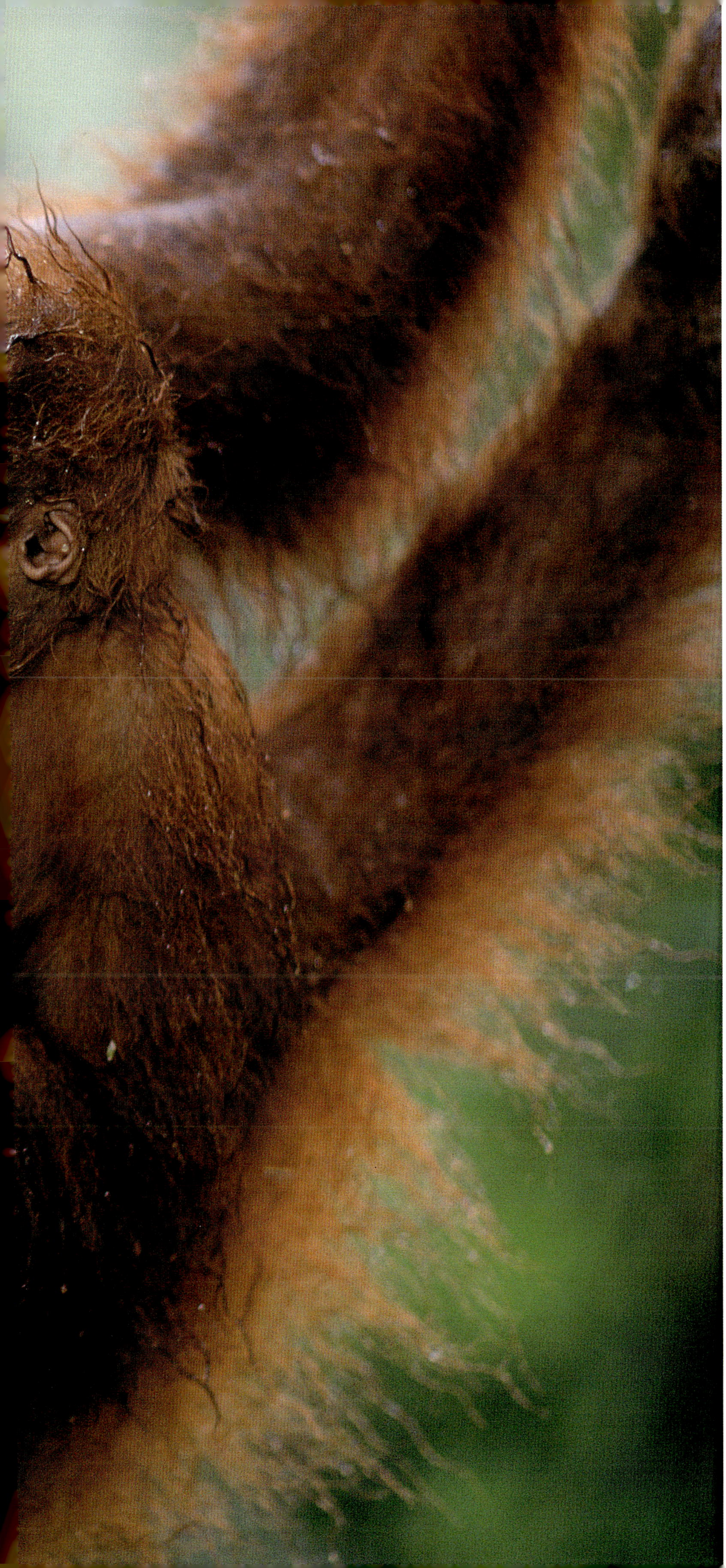

Orang-outang,
parc national de Gunung Leuser, Indonésie
Lear pose son museau sur les babines de sa mère, quémandant une part de ce qu'elle est en train de manger. Dans la forêt vierge, tout n'est pas comestible ; le petit apprendra à choisir sa nourriture avec sa mère.

Cependant, le gibier ne cesse de s'éloigner et les trajets pour aller chasser deviennent de plus en plus longs pour la mère. Inévitablement, elle s'absente, laissant sa progéniture seule de plus en plus longtemps. Les petits, fatigués, l'attendent, toujours plus maigres. Ces journées marathon épuisent la mère, qui, pourtant, ne renonce pas. Les petits regardent inlassablement le point de l'horizon où elle a disparu, et quand ils s'allongent pour mourir, elle n'est toujours pas revenue.

Conflits de sevrage Juste après la naissance, lorsque téter est nécessaire à la survie du nouveau-né, mère et petit y trouvent tous deux leur bonheur. En fait, c'est souvent la mère qui initie le premier contact de l'allaitement. Au fur et à mesure que le petit gagne en autonomie, elle n'a plus à l'attirer vers sa mamelle : l'enfant devient bien plus enclin à téter que sa mère à proposer de la nourriture. Ce qui provoque parfois quelques crises de colère chez les jeunes singes.

Les crises de colère Les crises de colère sont les manifestations les plus théâtrales des tactiques du petit cherchant à s'approprier les ressources maternelles. Malgré leur spontanéité apparente, elles sont souvent fort bien calculées. Les petits exagèrent leurs besoins ou leur vulnérabilité, prétendant une détresse bien plus grande que la réalité. Les caprices qui se manifestent lors des périodes de sevrage sont parfois déclenchés avant tout par le refus d'allaiter de la mère, davantage que par la quantité de lait qu'elle veut bien donner. Durant les premiers mois de leur vie, les petits babouins s'accrochent fermement à la poitrine maternelle et tètent pratiquement sans discontinuer. Parce qu'ils sont tout petits et qu'ils ne bougent pas beaucoup, les mères peuvent supporter de les alimenter en permanence. Mais, dès qu'ils grandissent et qu'ils s'éveillent, l'allaitement devient plus problématique. Si un petit tente de déranger sa mère alors qu'elle est en train de se nourrir, elle le repousse et refuse de lui donner du lait. Au début, le petit ne comprend pas ce qui se passe et proteste. Pourtant, au fil des jours, il finit par s'adapter et perçoit que sa mère n'est pas en train de le rejeter, mais tout simplement de l'éduquer.

La plupart des petits se sèvrent d'eux-mêmes. D'autres ont besoin de passer par deux ou trois crises. Dans tous les cas, mère et petit peuvent être heureux d'avoir passé ce cap.

Girafe, *réserve nationale de Masai Mara, Kenya*
Le girafon accompagne maintenant sa mère dans ses recherches de nourriture, mais il n'a pas encore commencé à brouter. Il tète toujours, plusieurs fois par jour.

Guépard,
réserve nationale de Masai Mara, Kenya
Après la tétée, un petit guépard
vient se blottir contre sa mère, qui se repose.

Lion, *réserve nationale de Masai Mara, Kenya*
Ce lionceau qui tète sa mère reçoit la quantité de lait nécessaire à sa croissance. Malgré tout, il essaiera bientôt de téter d'autres lionnes du clan.

Lion, *réserve nationale de Masai Mara, Kenya*
En général, les lionnes acceptent d'allaiter les petits du clan, mais celle-ci est manifestement décidée à garder son lait pour ses propres rejetons. Elle chasse tout lionceau qui n'appartient pas à sa portée.

Éléphant d'Afrique,
réserve nationale de Masai Mara, Kenya
Le petit veut téter, mais la mère n'est pas d'humeur nourricière. Tout en broutant, elle le repousse gentiment de la patte. Un instant plus tard, le petit tente encore sa chance, mais reçoit une nouvelle bourrade. Cette fois-ci, il a compris le message.

Le danger vient de l'intérieur

double page précédente
Léopard, *réserve nationale de Masai Mara, Kenya*
Durant une courte minute, Zawadi est restée nonchalamment allongée sur la branche d'un figuier, puis elle s'est soudain redressée, en alerte. Elle descend dans un mouvement fluide et marque une courte pause sur les pierres, au pied de l'arbre. Sa mâchoire se tord alors en une terrifiante grimace. Le mâle léopard qui se dirige vers elle s'arrête. Après quelques minutes d'hésitation, il s'assoit. Zawadi aussi. Ils se font face, en silence, pendant plus d'une demi-heure, à vingt mètres de distance. Est-il le père du petit ?

Lionne, *réserve nationale de Masai Mara, Kenya*
Une des lionnes du clan Bilashaka transporte sa portée vers un nouveau repaire. Bien que ses mâchoires soient suffisamment puissantes pour broyer des côtes et transpercer le cuir d'un éléphant, la lionne transporte ses petits sans leur faire une seule égratignure.

La mortalité chez les lionceaux est très élevée, jusqu'à 75 % dans certaines régions. Comment se fait-il que les lionnes perdent autant de petits ? Le danger a de multiples origines : les prédateurs, comme les panthères, les hyènes ou les chacals, les buffles enragés qui piétinent tout sur leur passage, les inondations soudaines, les blessures, les maladies, la malnutrition, la famine, l'infanticide.

La jeune mère lion cherche toujours un repaire sûr pour ses petits. Une cachette que les impitoyables prédateurs ne trouveront pas et où ils pourront être protégés des intempéries. Mais son choix est souvent limité.
Bien qu'elle essaie de passer le plus de temps possible avec sa progéniture, sa nourriture est mobile et elle doit laisser sa portée sans surveillance quand elle part à la chasse. C'est à ce moment-là que le prédateur peut frapper. Un lionceau de la taille d'un chat sait à peine courir ; il représente une proie facile pour les mâchoires d'une hyène. L'ironie du sort veut peut-être qu'au même moment, la lionne bondisse sur un petit zèbre…

Orang-outang,
parc national de Gunung Leuser, Indonésie
Édita et Forester, un petit orang-outang qu'elle a kidnappé, partagent un moment de calme avec Halik, un jeune mâle. Halik est plus gros et plus fort qu'Édita. Ils se sont déjà accouplés par le passé. Femelle et petit sont en sécurité.

ci-dessus
Babouin vert olive,
réserve nationale de Masai Mara, Kenya.
Une mère s'assoit pour faire une pause au milieu de la tétée, lorsqu'une autre femelle s'approche pour observer le petit. Malgré l'insistance de l'intruse, la mère se montre inflexible et garde son petit près d'elle.

ci-contre
Babouin vert olive,
réserve nationale de Masai Mara, Kenya.
Une femelle effrayée s'agrippe à son petit ; elle est menacée par une femelle dominante qui s'approche avec l'intention de s'en emparer.

Des tueurs de petits Un danger inattendu pour les lionceaux peut provenir d'un lion sans lien de parenté avec le clan. Généralement, les mâles dominants de la troupe patrouillent sur le territoire, se font entendre et débusquent les mâles intrus pour protéger leurs lionnes et leurs petits. Mais il arrive qu'ils soient vaincus et expulsés par un autre groupe de mâles – des nomades ou des mâles d'un autre clan – et, dans ce cas, lionnes et lionceaux courent un réel danger. Les mâles envahisseurs cherchent les petits pour les tuer, afin de pouvoir ensuite rapidement s'accoupler avec les lionnes. L'instinct pousse donc les mères à cacher leur progéniture. C'est une situation extrêmement inquiétante pour les lionnes, car elles doivent continuer à chasser ; or une proie tuée attire souvent des intrus. Si les mâles finissent par trouver les lionceaux, les lionnes les défendent avec courage et détermination, mais elles doivent généralement abandonner face à la férocité des lions. Et lorsque les envahisseurs ont tué leurs petits, il y a de grandes chances pour que les lionnes éprouvées s'accouplent avec eux. Elles n'ont pas vraiment le choix, parce qu'elles détestent abandonner leur territoire et que

le nouveau mâle est particulièrement obstiné. Le comportement des lionnes semble être de bon sens, même s'il est impossible de savoir par quelle angoisse et quel traumatisme elles doivent passer.

La logique de l'infanticide — L'infanticide pratiqué par des mâles étrangers ne se limite pas aux lions. Le phénomène a également été observé chez de nombreuses espèces de carnivores et de primates. Les tueurs de petits les plus connus sont les singes entelles. Dans certaines régions d'Inde où dominent des clans avec un chef unique, les combats pour le pouvoir sont monnaie courante, d'où la forte rotation des mâles dominants à l'intérieur du groupe. Le chef reste à peu près un an à sa tête. Compte tenu de la brièveté de ce règne, on comprend qu'il se livre à l'infanticide, seul moyen à sa disposition pour s'attirer les bonnes grâces reproductrices des femelles.

Les femelles entelles qui élèvent des nouveau-nés sont stériles ; l'allaitement inhibe la sécrétion des hormones entraînant la production des ovules. Mais une fois les petits sevrés, tous les flux hormonaux redeviennent normaux, et la femelle peut à nouveau être fécondée. Généralement, il faut compter dix-huit mois à deux ans. Pour un chef entelle, l'infanticide est donc le seul moyen d'avoir le plus grand nombre de descendants possible. Les mères n'ont évidemment pas la même vision des choses et elles se regroupent contre le mâle pour défendre leurs petits. Mais ce dernier est terriblement décidé et finit souvent par tuer la plupart des jeunes, ce qui ne laisse plus d'autre choix aux mères que de s'accoupler avec lui.

Les mères qui vivent dans des sociétés où les mâles vont et viennent ne peuvent compter que sur une période de paix pour permettre à leurs petits de vivre jusqu'à l'âge adulte. Le nouveau chef lion réussira peut-être à défendre son territoire deux ans durant, voire plus ; le chef du groupe d'entelles parviendra peut-être à éliminer les rivaux suffisamment longtemps pour que les petits aient le temps de grandir et d'apprendre à se défendre seuls. La marge de manœuvre qu'ont ces mères pour élever leurs petits est sauvagement limitée.

ORANG-OUTANG, *parc national de Gunung Leuser, Indonésie.* Forester, le petit orang-outang, s'accroche fermement à Édita, la femelle qui l'a volé à sa vraie mère Suma. La téméraire Édita a perdu son propre petit et s'est emparé de Forester dès qu'elle l'a pu. Il est en danger de mort car elle ne peut pas l'allaiter. Heureusement, les gardes du parc interviendront rapidement pour réunir Suma et Forester.

Entelle,
parc national de Ranthambore, Inde.
Très occupé par l'exploration de son environnement, un petit s'est un peu trop éloigné de sa mère. Soudain, il prend peur et se rue vers elle en hurlant pour qu'elle le prenne dans ses bras.

La mère & son petit

DEUXIÈME PARTIE

Liens familiaux et instinct social

Les groupes sociaux — Les grands troupeaux de zèbres ne sont pas rares dans l'écosystème du Serengeti-Mara. Mais lorsqu'on observe un troupeau assez longtemps, ou bien lorsque des lions menacent, on constate qu'il se morcelle en petits groupes mobiles, d'une douzaine de zèbres au maximum, composés d'un étalon et de ses juments avec leurs petits. Ce sont des groupes familiaux structurés et durables, contrairement aux troupeaux qui se forment et se désintègrent quotidiennement. Le zèbre ne fait partie d'un troupeau que temporairement. Les groupes familiaux sont en revanche des associations durables, au sein desquels les membres ont le temps et le besoin d'être ensemble.

La socialisation dans un clan de lions — Savoir qui est qui dans une structure sociale est primordial. Chez de nombreuses espèces, l'accès à la nourriture et aux partenaires est déterminé par le rang de chacun, et l'absence de confrontations agressives dépend fréquemment du sens social de chacun des membres du groupe. C'est un équilibre difficile que les petits doivent apprendre à respecter : comment vivre en harmonie, comment coopérer, tout en continuant à faire évoluer son rang social. La tâche est plus compliquée pour un lionceau qui a des frères, des sœurs, des neveux et des nièces, tout simplement parce que chacun d'eux est armé de griffes et de dents, armes mortelles chez les adultes, et d'une grande force musculaire. Il doit composer avec l'instinct des autres lionceaux, qui les pousse à accaparer toute l'attention de la mère et à ne jamais partager la nourriture. Et pourtant, ces mêmes lionceaux sont aussi par nature sociaux. Ainsi les deux instincts opposés, l'égoïsme et la sociabilité, sont-ils responsables de bien des tensions dans la vie des lions. Même si les lionceaux rétractent leurs griffes et

pages précédentes
Éléphant d'Afrique, *réserve nationale de Masai Mara, Kenya*
Alors que le jour se lève à peine sur les plaines du Masai Mara, un groupe entame un nouveau périple. Une mère et son petit ferment la marche

Éléphant d'Afrique, *réserve nationale de Masai Mara, Kenya*
Échange tactile entre un jeune éléphant et un individu adulte d'un même groupe familial. Chez l'éléphant, une grande partie de la communication passe par le toucher.

Lion, *réserve nationale de Masai Mara, Kenya*
Le lionceau s'est prudemment approché de son père ; puis, après s'être assuré de son humeur tolérante, il a rapidement grimpé sur son dos. Le petit est ravi… et le mâle aussi, semble-t-il.

mordillent gentiment lorsqu'ils jouent, les simulacres de combat peuvent mal finir et il n'est pas rare de voir intervenir les mères pour sauver un petit menacé et restaurer l'ordre. Les lionceaux apprennent également les règles sociales en regardant leur mère agir avec les autres petits : si elle est amicale avec une nièce, ils n'ont pas de raison de ne pas l'être.

Les lionceaux apprennent aussi de leur mère comment jauger les adultes. Par exemple, lorsqu'un mâle de la troupe ne semble pas très engageant, ils se savent hors de danger si leur mère est tranquillement assise à côté de lui. Petit à petit, ils assimilent qu'il est inoffensif. Irrésistiblement curieux, ils l'examinent ensuite de plus près. Au fil du temps, ils se rendent compte qu'ils peuvent se frotter contre lui quand il n'est pas de mauvaise humeur, et même, s'il est particulièrement tolérant, grimper sur son dos. Il y a d'ailleurs, pour un petit téméraire, un avantage réel à se lier avec le grand chef. Alors qu'il domine les lionnes et ne partage pas les proies avec elles, il accepte facilement que les lionceaux mangent avec lui.

Babouin vert olive,
réserve nationale de Masai Mara, Kenya
Deux petits babouins font connaissance malgré leur différence d'âge et de taille. Ils font partie de la même troupe, qui compte à peu près cinquante babouins adultes et huit jeunes.

Grandir chez les éléphants En observant un troupeau d'éléphants, on réalise à quel point ce mammifère est social. Leur communauté est l'une des plus stables et des plus résistantes qui soit. La cellule sociale de base est le noyau familial conduit par la matriarche, qui peut être la mère, la sœur la plus âgée, une cousine ou n'importe quelle autre femelle du groupe. Le petit éléphant a la plus longue enfance de tous les mammifères, à l'exception des humains, et il reste dans sa famille jusqu'à la puberté, vers ses quinze ans. La jeune femelle reste même longtemps après sa puberté, et aide les autres mères à élever les petits. Durant l'enfance, l'éléphanteau fait totalement partie de la vie de famille. Il est protégé, soutenu et choyé par tous ses membres, jeunes et vieux. Sous la protection de sa mère, il n'a rien à craindre d'aucun prédateur naturel. Il peut ainsi jouer, apprendre, s'exercer et faire des expériences.

Babouin vert olive,
réserve nationale de Masai Mara, Kenya
Pousser, bousculer, tirer : tout est bon pour le jeu des petits babouins. Ils apprennent très vite à connaître les forces et les faiblesses de chacun.

Babouin vert olive,
réserve nationale de Masai Mara, Kenya
Bien que le petit ne participe pas aux activités des adultes, le simple fait d'être parmi eux suffit à lui faire ressentir son appartenance au groupe.

Vervet, *cratère de Ngorongoro, Tanzanie*
Un petit épouille patiemment sa mère.
Chez les vervets, le lien entre mère et petit est constamment renforcé par l'épouillage mutuel.

Les liens familiaux chez les vervets Les primates ont une vie sociale très riche et une conscience aiguë des liens familiaux. Les vervets, dont la structure sociale est basée sur la lignée maternelle, sont non seulement capables de reconnaître les grognements de leur propre progéniture, mais ils peuvent également identifier ceux des autres petits et savoir à quelle mère ils appartiennent. Parce qu'ils vivent constamment dans le groupe, les petits assimilent instinctivement cette aptitude.

Les talents sociaux des babouins Observer une troupe de babouins est un spectacle dont on ne se lasse pas, parce qu'ils sont impliqués en permanence dans une relation sociale. Ceci explique pourquoi les petits babouins prennent leur temps pour grandir : ils doivent acquérir les différentes facultés indispensables à leur évolution au sein du groupe. Ils apprennent avec qui frayer, qui éviter, avec qui s'accoupler et comment déjouer les refus. De telles compétences s'acquièrent lentement, d'où la

durée relativement longue de leur enfance. Chez les vervets, et les chimpanzés comme chez les babouins, les loups et d'autres groupes d'animaux grégaires, la capacité de communiquer efficacement est vitale pour survivre à l'intérieur du groupe. Les couples mère-petit qui ont une solide relation avec le groupe ont de grandes chances de connaître une vie facile.

Colobe bai de Zanzibar,
forêt de Jozani, Zanzibar
Sur la cime d'un arbre, un petit épouille précautionneusement sa mère. C'est un rituel fréquent après les repas. Les singes ont besoin de temps pour digérer et, perchés en haut d'un arbre, ils sont à l'abri des prédateurs.

Éléphant d'Asie,
parc national de Kazaringa, Inde
Les éléphants émergent de la forêt et entrent dans l'eau. Jeunes et adultes y trouvent une végétation aquatique qu'ils tirent du lit de la rivière et qu'ils égouttent en la secouant, avant de s'en nourrir.

Éléphant d'Afrique,
réserve nationale de Masai Mara, Kenya
Par un après-midi nuageux, deux jeunes jouent à se pousser, se tirer, se cogner tête contre tête et à lutter avec des troncs, jusqu'à ce qu'ils entendent le rugissement d'un lion passant dans les environs.

Guépard,
réserve nationale de Masai Mara, Kenya
Un après-midi, alors que la famille de guépards affamés parcourt les plaines, une forte averse s'abat sur la savane. La famille doit attendre que la pluie s'arrête.
Les préliminaires de la toilette commencent alors : un petit, enthousiaste, lèche l'eau sur les pattes de sa mère. Et lorsque la mère se repose, elle devient le jouet préféré de ses petits.

Guépard,
réserve nationale de Masai Mara, Kenya
Il fait assez frais ce matin-là ; Frisky et ses trois petits, encore ensommeillés, se tiennent chaud. Une hyène paraît, reniflant et tournant autour de la famille de guépards avec un air inquiétant. Frisky et ses petits ne la lâchent pas du regard. Finissant par comprendre qu'il n'y a là aucun repas facile à sa disposition, la hyène s'éloigne, au grand soulagement de Frisky.

Premiers pas vers l'inconnu

Les douces scènes de tendresse et d'allaitement entre la mère et ses petits sont comme le calme avant la tempête. Bientôt apparaîtront les nombreux conflits et dangers venus du monde extérieur. Les petits lions, léopards ou guépards doivent apprendre à chasser, tandis que les herbivores et les ruminants comme les gazelles, les impalas et les buffles doivent apprendre à repérer le danger et à réagir de façon appropriée. En général, les jeunes placés dans des situations inhabituelles comptent sur leur mère pour les protéger et les guider. S'ils parviennent à transformer l'inhabituel en familier, ils acquièrent alors de véritables atouts pour survivre.

double page précédente
Guépard, *réserve nationale de Masai Mara, Kenya*
Réfugiés derrière un tronc abattu, les trois petits de Frisky montrent le bout de leur museau et observent une file de zèbres. Ils n'ont encore jamais vu leur mère les chasser, ni même des zèbres les menacer.

Léopard, *réserve nationale de Masai Mara, Kenya.*
Pendant de nombreuses semaines, Zawadi a gardé ses petits cachés dans différentes tanières. Ce soir, pour la première fois, elle les sort pour une marche. Ils sont à la fois déconcertés, excités, nerveux et joueurs.

L'émancipation

Frisky, la femelle guépard que nous avons beaucoup observée, a gardé ses petits bien cachés durant leurs huit premières semaines de vie. Mais à présent, elle les estime assez grands pour quitter la tanière et faire connaissance avec la vie sauvage. Même si les petits ne sont pas conscients de leur extrême vulnérabilité, les vastes plaines parsemées de broussailles et d'arbustes doivent être une vision bien intimidante pour eux. Mais Frisky sait et, prudente, les mène vers les abris qu'elle peut trouver. Elle paraît inquiète durant toute la traversée de la savane, alors que ses rejetons courent tout excités pour suivre le rythme de ses longues foulées rapides. C'est le début d'une vie de nomade pour toute la famille, les petits allant d'une découverte à l'autre. Durant leurs escapades, Frisky est toujours à l'affût d'une proie et elle en profite pour montrer à sa progéniture les moindres recoins de son vaste territoire. Beaucoup d'espèces animales ont un espace « réservé » pour chaque individu ou chaque clan, sur lequel il opère, dort, se repose, erre, recherche de la nourriture et de l'eau, élève les nouveaux-nés, se cache. Pour certaines espèces de primates, les territoires sont réduits (1 kilomètre carré pour les colobes bais), alors que pour certains gros félins, ils peuvent être immenses (300 à 500 kilomètres carrés pour les femelles guépards). Les petits doivent en connaître tous les détails, comme l'ombre d'un groupe d'arbres ou la localisation des points d'eau, afin de devenir des adultes autonomes.

La mère, le meilleur guide Il ne suffit pas de savoir quelle nourriture on aime, il faut aussi savoir où la trouver. Bien que les animaux naissent avec des besoins appropriés – les girafes préfèrent manger des feuilles plutôt que de l'herbe –, les tendances naturelles de chaque espèce doivent être affinées et façonnées par des expériences bien précises. Si le girafon devait établir la carte des meilleurs coins à feuillage en ne comptant que sur ses vagabondages aveugles, son ignorance lui coûterait probablement la vie. En revanche, en suivant sa mère à la trace, il se nourrit de son expérience. La mère girafe ne montre pas vraiment à son petit comment se débrouiller, mais il apprend tout de même, par symbiose. Pour lui, tout ce qui intéresse sa mère vaut le coup d'être regardé de près, et tout ce qui l'inquiète doit être tenu à distance.

Ainsi, lorsque les petits guépards, pleins de détermination, suivent les traces de Frisky à travers la savane, ils profitent non seulement de sa protection, mais aussi de son expérience du terrain. Au fil du temps, ce paysage si déconcertant devient un gigantesque terrain de jeu. Comme tous les petits mammifères, les petits guépards adorent arriver dans de nouveaux lieux, découvrir de nouveaux « jouets » et inventer de nouveaux jeux. Il y a des arbres amusants à escalader, des buissons autour desquels courir sans arrêt, des trous où regarder et des monticules de terre à conquérir. L'exploration devient une aventure souvent bien réelle, compte tenu des risques d'accident mortel : les petits peuvent à tout moment tomber nez à nez avec des hyènes, tout comme les petits gnous être séparés de leur mère, ou les petits zèbres se faire prendre en embuscade par des lions.

Babouin vert olive, *réserve nationale de Masai Mara, Kenya*
Ce nouveau-né s'est ménagé un coin douillet, agrippé au pelage de sa mère occupée à brouter. Il est extrêmement curieux et observe le paysage avec intérêt.

Babouin vert olive,
réserve nationale de Masai Mara, Kenya
Juché sur le dos de sa mère qui traverse la savane à la recherche de nourriture, un petit babouin explore le monde avec ses mains et sa bouche. D'abord agrippé à la fourrure du ventre de sa mère, il sait à l'âge de cinq semaines se tenir sur son dos.

Guépard,
réserve nationale de Masai Mara, Kenya
Dans la fraîcheur du petit matin, Frisky, accompagnée de ses trois petits, arpente la savane à la recherche d'une proie. Souvent, dans ce type de situation, les petits courent et jouent tout en suivant la piste de leur mère. Ils ne lui facilitent pas la chasse car ils se font trop remarquer.

Guépard,
réserve nationale de Masai Mara, Kenya
Les petits guépards ne résistent pas au plaisir de monter à tous les arbres qui se trouvent sur leur chemin. Mais grimper est souvent bien plus facile que redescendre.

Guépard,
réserve nationale de Masai Mara, Kenya
Pour ce jeune guépard, l'un des trois petits de Frisky, tout mérite d'être examiné, même les épines d'une branche.

Éléphant d'Afrique,
réserve nationale de Masai Mara, Kenya
Alors qu'ils se dirigent vers leur prochain site de ravitaillement, un bois le long d'une rivière, mère et petit restent groupés en traversant la plaine. Tout en marchant, le jeune éprouve l'agilité de sa trompe.

Tigre,
parc national de Ranthambhore, Inde
Noorjahan, mère de trois jeunes adolescents, parcourt son territoire avec sa progéniture, sur les berges du lac Rajbagh. Deux des jeunes se sont laissé distraire mais ils rejoindront rapidement leur mère et leur sœur après quelques minutes d'exploration.

Apprendre avec sa mère

Le cerveau des mammifères sauvages fonctionne sans avoir vraiment besoin de raison consciente, de délibération, d'articulation et d'effort. Le cerveau malléable d'un petit a juste besoin d'être réceptif, attentif et prêt à expérimenter pour apprendre. L'apprentissage dans la vie sauvage est merveilleux de naturel ; il est très rare que le besoin de discipline et d'encouragement se fasse sentir. Ce n'est pas pour rien que l'on dit que les petits des animaux sont des éponges, avides de connaissances. Savoir est implicite, concret et intuitif.

double page précédente
Zèbre de Burchel, *réserve nationale de Masai Mara, Kenya*
L'intimité que partage le petit avec sa mère lors des migrations lui permettra de mémoriser l'itinéraire qu'il refera ensuite, chaque année, lorsqu'il sera devenu autonome.

Orang-outang, *parc national de Gunung Leuser, Indonésie*
Rusli, sept mois, s'agrippe d'une main à sa mère Chutniyadin, neuf ans, et explore son environnement proche de l'autre main. Bien que les femelles orangs-outangs atteignent leur maturité sexuelle vers l'âge de sept ans, la plupart ne s'accouplent pas avant d'avoir douze ans. Chutniyadin manque vraiment d'expérience et son petit Rusli ne réussira pas à atteindre l'adolescence.

De jeunes esprits curieux — Les petits de Frisky sont extrêmement curieux et énergiques, fouineurs, aventuriers et joueurs. Ils examinent avec un grand enthousiasme tout ce qui est nouveau et paraît inoffensif. Même les objets inanimés sont inspectés avec excitation. En fait, tous les petits mammifères possèdent, à des degrés divers, ce mélange de curiosité et d'énergie. Ainsi, les petits zèbres n'hésitent pas à s'approcher de pierres brillantes, les jeunes gnous à suivre un animal qu'ils n'avaient jamais croisé auparavant, les éléphanteaux à chasser des oiseaux, les petites hyènes à renifler tout ce qui leur passe sous le museau, et les lionceaux à courir après les feuilles soulevées par le vent. Visiblement, l'évolution par la sélection naturelle a donné au petit le goût de l'exploration, ce qui l'amène à connaître parfaitement son environnement.

Zèbre de Burchel,
réserve nationale de Masai Mara, Kenya
Un jeune zèbre reste près de sa mère, qui se livre à sa toilette quotidienne. Elle n'enseigne rien à son petit, mais le simple fait d'être avec elle suffit au poulain pour apprendre.

Léopard,
réserve nationale de Masai Mara, Kenya
Demi-Queue, stimulée par une montée d'hormones, court sans aucun but, sinon celui d'encourager Beauty à la rattraper.

Léopard,
réserve nationale de Masai Mara, Kenya
Demi-Queue a tué un lièvre en cet après-midi brumeux et le rapporte à ses deux petits. Mais Manga, l'intrépide petit mâle, l'arrache à sa mère et le défend avec agressivité sans en laisser une miette à sa sœur Tiratibu. Même Demi-Queue ne s'approche pas de lui lorsqu'il est en possession d'une petite proie.

Guépard,
réserve nationale de Masai Mara, Kenya
Les gnous rassemblés en troupeau n'ont généralement pas à craindre l'attaque d'un guépard. Très curieux de nature, ils n'hésitent pas à suivre Frisky et ses petits sur une courte distance, au grand mécontentement des félins. Frisky ne peut rien faire pour les décourager, sinon continuer sa marche.

Une école itinérante En suivant les traces des grandes migrations de troupeaux de gnous et de zèbres, on est fasciné par l'expérience acquise par ces animaux pour connaître un itinéraire de 500 km. C'est lors de sa toute première migration que le jeune, qui accompagne sa mère, reçoit tous les principes d'orientation dont il a besoin. Chaque point de repère, chaque tournant est alors enregistré dans le cerveau du petit.

Sur la route, en regardant simplement les adultes, les petits des espèces migratoires apprennent également le langage de survie du groupe. Lorsqu'un silence soudain s'abat, ils reçoivent le message qu'un prédateur est à l'affût dans les parages. Lorsque les adultes arrêtent de brouter, marquent des signes d'attention et sont prêts à s'enfuir, le petit peut comprendre qu'un danger a été repéré. Mais lorsque les adultes se rapprochent d'une troupe de lions, il assimile que les lions au repos ne sont pas une menace.

L'éducation — Tous les mammifères disposent des mêmes facultés de base nécessaires à l'apprentissage, qui diffère cependant en fonction de l'espèce. Si, pour la plupart des jeunes mammifères, le savoir-faire est entièrement acquis par l'expérience, quelques-uns reçoivent, en complément, un réel enseignement.

Dans le parc national du Serengeti, en Tanzanie, lorsqu'un guépard chasse la gazelle de Thomson, il la tue en l'étranglant ; s'il attrape un lièvre, il l'abat en lui mordant le crâne. Les mères guépards, accompagnées de petits d'un mois et demi, chassent avec les mêmes méthodes, mais, dès qu'ils ont trois mois, elles adoptent un style très différent. Elles poursuivent leur proie, la blessent puis la ramènent aux petits, leur offrant l'opportunité de se livrer à une première chasse avant qu'ils ne puissent eux-mêmes mettre un animal à terre. À cet âge, il est rare qu'ils achèvent la proie et c'est donc la mère qui s'en charge. Lorsqu'ils sont plus vieux de quelques mois, elle leur offre près d'un tiers de sa chasse et les laisse finir l'ouvrage. Vers huit mois, ils dépècent

GUÉPARD,
réserve nationale de Masai Mara, Kenya
L'un des rejetons de Frisky aide sa mère à transporter une proie : une gazelle. La réussite de la chasse a surexcité le petit, et Frisky accepte qu'il lui prête main-forte.

Impala,
réserve nationale de Masai Mara, Kenya
À l'écart d'un groupe de femelles, une mère impala et son petit font leur toilette.

Girafe, *réserve nationale de Masai Mara, Kenya*
Une mère est occupée à cueillir des feuilles avec sa langue. Le petit, encore nourri au lait maternel, se contente pour l'instant de la regarder faire.

la proie pendant qu'un membre de la famille s'occupe de la tenir par la gorge pour l'empêcher de bouger. Avant leur dixième mois, la mère leur abandonne la moitié de ses proies, qu'ils parviennent presque toujours à achever.

On estime que 70 % des petits vervets du parc national d'Amboseli, au Kenya, ne passeront pas leur premier anniversaire. Pas moins de neuf espèces de prédateurs sont la cause de ce très fort taux de mortalité infantile. La menace extrême qu'ils exercent a entraîné la mise en place d'un système de cris d'alarme très sophistiqué. À chaque prédateur correspond un cri spécifique. Les adultes connaissent ces cris, les petits non, tout au moins pas avant un an. Comment les apprennent-ils ?
Lorsqu'un vervet adulte pousse un cri d'alarme, celui-ci est généralement repris par d'autres adultes. Quand un petit repère un prédateur et qu'il lance un cri d'alarme, les cris répétés des adultes lui répondent comme une confirmation positive, des félicitations pour un bon travail. Les jeunes qui ont ainsi reçu des retours positifs de la part des adultes seront plus susceptibles de lancer le bon cri lors d'une prochaine rencontre que ceux à qui aucun retour n'a été adressé.

Dans la forêt tropicale d'Afrique de l'Ouest, des chercheurs ont observé des chimpanzés qui utilisaient des pierres comme marteaux et enclumes pour fendre des coques de noix trop dures. Il est difficile de trouver la pierre qui pourra servir de marteau, et elle peut toujours être volée par d'autres chimpanzés ; c'est pourquoi chacun surveille la sienne de près. Mais si une mère chimpanzé élève un petit de trois ou quatre ans, elle n'hésite pas à laisser la pierre sur l'enclume, là où son enfant peut la trouver. Elle peut même y laisser une noix pour lui signifier plus fortement son encouragement. Lorsque le petit rencontre des difficultés, il arrive que sa mère l'accompagne dans son apprentissage ; par exemple en replaçant la noix de façon à ce que le petit puisse la casser plus facilement. Il nous est arrivé d'observer une mère qui, alertée par les gémissements de son petit, a interrompu sa sieste, s'est approchée et a pris la pierre dans sa main. Puis, sous les yeux du petit, elle a placé la noix dans la position la plus adéquate, lui a montré comment se servir de la pierre et la lui a rendue.

Il y a beaucoup d'autres exemples d'enseignement chez les mammifères : on a vu des loutres relâcher des proies devant leurs petits, et des suricates garder des insectes dans leur bouche pour encourager leur progéniture à en arracher de petits morceaux.

Lion, *réserve nationale de Masai Mara, Kenya.*
Les lionceaux sont en perpétuelle exploration, et ces deux petits, dont l'un est caché par son frère, sont fascinés par la mâchoire béante de leur mère en train de bâiller.

Orang-outang,
parc national de Gunung Leuser, Indonésie
Lear est d'abord curieux de savoir ce que sa mère, Borjong, est en train de manger ; ce n'est que dans un deuxième temps qu'il voudra lui aussi passer à l'action. L'orang-outang adulte peut identifier jusqu'à quatre cents aliments différents dans la forêt tropicale.

La caractéristique frappante qu'ont remarquée les chercheurs dans les cas d'apprentissage mère-petit est la capacité de la mère à percevoir l'évolution de son petit et à s'y adapter. Elle modifie ses « leçons » en fonction de ses progrès et de ses besoins.

Un mystère Les petits des animaux sauvages sont capables d'apprendre parce qu'ils disposent des facultés indispensables à l'acquisition des connaissances. Si l'on considère la rapidité de développement des petits et le peu de temps et d'énergie que demande l'enseignement (mis à part dans le cas des guépards), il semble que l'apprentissage ne présente que des avantages. Pourtant, il n'est observé que chez un petit nombre d'espèces de carnivores et de primates. L'énigme, c'est que de nombreuses espèces dites « intelligentes » n'apprennent absolument rien à leur progéniture, quand bien même leur capacité de survie pourrait en être renforcée. Pourquoi l'apprentissage n'est-il pas plus répandu chez les espèces sauvages ? Le mystère reste entier.

L'apprentissage par osmose pourrait être une réponse ; plongé dans le bain, le petit apprend naturellement au fur et à mesure de ses aventures. Il s'immerge dans la vie, de façon incontrôlée, et laisse l'expérience se faire avec le temps. Un procédé qui ne semble pas exiger d'effort conscient. Manifestement, l'apprentissage par osmose procède par assimilation des comportements, des imprévus et des relations les plus signifiants de la vie des mammifères. Cela passe par une attention aux détails, souple mais précise. Un écho lointain du proverbe japonais « n'apprends pas, habitue-toi ». L'objectif est d'atteindre une maîtrise pratique plutôt que d'obtenir une explication. C'est un long processus parce qu'il s'agit de dégager les modèles latents de nombreuses expériences apparemment différentes. Pour une majorité d'espèces animales, l'apprentissage par osmose est une bonne solution qui rend l'enseignement tout à fait superflu.

ORANG-OUTANG, *parc national de Gunung Leuser, Indonésie*
Pesek, onze ans, et sa fille April, trois ans (appelée ainsi parce qu'elle est née en avril), boivent des gouttes d'eau qui tombent de la canopée. Cette pluie est provoquée par des orangs-outangs qui secouent des arbres en grimpant. April a beaucoup appris en regardant et en imitant sa mère.

Babouin vert olive,
réserve nationale de Masai Mara, Kenya
Un jeune babouin joue avec un bâton, pendant que sa mère inspecte sa fourrure à la recherche de parasites. Les petits babouins sont dépendants de leur mère pendant deux à trois ans et demandent des soins constants.

Hippopotame,
réserve nationale de Masai Mara, Kenya
Au petit matin, une mère et son petit jouent à se mordiller affectueusement les babines. Leur attitude pleine de tendresse ressemble déjà aux joutes que se livrent les adultes, lors des combats entre mâles ou des parades nuptiales.

Né pour jouer

Un matin, dans le cratère du Ngorongoro, en Tanzanie, les zèbres adultes sont tous occupés à boire et à brouter. À quelques pas, un jeune zèbre rue joyeusement. Il tourne et vire en décrivant des cercles de diverses tailles, sautant par-dessus les ruisseaux sans jamais arrêter son joyeux manège. Il n'est pas difficile d'imaginer que ce jeune zébre jubile de découvrir le fonctionnement de son propre corps dans un monde complètement nouveau.

Le jeu est une caractéristique des petits, mais il arrive aussi aux plus grands de se laisser prendre à sa frénésie : il suffit d'observer l'étincelle qui brille dans l'œil d'une lionne en train de suivre ses petits imprudents. De façon générale, les jeunes animaux sont ouverts à toutes les expériences, bien plus que leurs aînés. Et lorsque le quotidien manque de nouveauté, ils s'en créent par le jeu et la malice. C'est une évidence : les petits adorent jouer. Ils jubilent lorsqu'ils bondissent frénétiquement, lorsqu'ils luttent, pourchassent et mordillent leurs camarades de jeu.

double page précédente
Guépard, *réserve nationale de Masai Mara, Kenya*
La matinée s'annonce mal pour Frisky : la jeune mère ne trouve aucune gazelle à chasser pour nourrir ses trois petits encore dépendants. Visiblement inquiète, elle scrute les environs. Inconscients de la lourde responsabilité qui incombe à leur mère, les petits sont captivés par leur jeu.

Orang-outang, *parc national de Gunung Leuser, Indonésie*
Lear, le jeune fils de Borjong, fait la démonstration de la force extraordinaire des orangs-outangs, en se balançant joyeusement d'un seul bras. C'est un véritable acrobate. Parce que sa mère vit isolée, il ne rencontre pas souvent d'autres jeunes et apprend à s'amuser tout seul.

Les règles du jeu Le jeu des mammifères prend le plus souvent la forme de luttes, de poursuites exagérées et de sauts. Les cabrioles des jeunes zèbres et des gnous sont bien connues. Bagarres, joutes et courses amusent autant les petits des carnivores que ceux des herbivores. Les petits carnivores jouent aussi à chasser et à capturer une proie, endossant chacun à leur tour le rôle du chasseur et du chassé. Lorsque les lionceaux ou les petits

guépards s'amusent, ils bondissent, commencent à mordre – mais sans serrer complètement leur mâchoire –, se tordent dans tous les sens comme pour dépecer un animal – mais sans sortir leurs griffes –, interrompent brusquement leurs danses pour se lancer dans une course, et ainsi de suite. Les petits primates sont particulièrement inventifs et créent sans cesse de nouveaux jeux, toujours plus variés.

Dans le jeu, le rôle de la mère, même s'il est indirect, est primordial puisque pour pouvoir bien jouer, il faut être en bonne santé et bien nourri. Jouer représente une énorme dépense d'énergie. Les mères offrent également leur protection : un petit confiant, sécurisé par le fait de savoir que sa mère est dans les parages, peut plus facilement s'adonner à l'aventure et au jeu.

Guépard, *réserve nationale de Masai Mara, Kenya*
Un petit tente d'empêcher un autre de le dépasser : un jeu surprenant qui se déroule à grande vitesse.

Jouer, à quoi ça sert ? Le jeu est en lui-même un mystère. Ses bénéfices ne sont pas visibles, tandis que son coût – dépense d'énergie, risque de blessures et éventualité d'attirer de dangereux prédateurs – est évident. Dans la nature, l'énergie est un trésor, et les animaux adultes s'efforcent de l'utiliser avec parcimonie. La compétition pour survivre et se reproduire est si intense que même un écart marginal dans l'utilisation de l'énergie peut avoir d'énormes conséquences sur l'évolution de l'espèce. En ce qui concerne les risques de blessure, une patte foulée peut menacer la vie du petit. Enfin, jouer augmente le nombre de chances d'être attaqué par un prédateur, soit parce que les joueurs accaparés par leur jeu ne sont pas assez sur leurs gardes, soit parce que leur activité attire l'attention d'inconnus indésirables.

GUÉPARD, *réserve nationale de Masai Mara, Kenya*
Tout en jouant, les petits se cabrent, retrouvant l'équilibre grâce à leur queue. Ils luttent et boxent avant de retomber sur leurs quatre pattes.

Lion, *réserve nationale de Masai Mara, Kenya*
Ce lionceau cherche à donner vie à un bâton.
Lorsque sa mère décide de se joindre au jeu,
elle provoque une vraie lutte de pouvoir.
Mais la lionne ne met pas toutes ses forces
dans la bataille, permettant au jeu de continuer.

Lion, *réserve nationale de Masai Mara, Kenya*
Les lionnes ont des sautes d'humeur imprévisibles. Un petit a éveillé l'instinct de jeu chez sa mère, qui se laisse tenter… ce qui finalement ne plaît pas vraiment au lionceau.

Les bénéfices du jeu semblent plus visibles sur le long terme. D'abord, il participe très vraisemblablement à la construction des facultés motrices. Ensuite, le cerveau et l'ensemble du système nerveux se perfectionnent lorsque l'individu joue. Il est d'ailleurs intéressant de remarquer que les espèces que nous jugeons les plus « intelligentes » sont celles qui jouent le plus. Enfin, les animaux sociaux semblent accorder une grande place au jeu ; on peut donc se demander si celui-ci n'aide pas les petits à devenir des membres actifs de leur groupe et s'il ne permet pas ainsi aux individus de mieux s'y intégrer. Un jeu, même tout à fait innocent, donne l'occasion à chaque individu de jauger ses parents et ses camarades, et donc de mieux comprendre sa position sociale. Les relations sociales qui se forgent au cours des jeux chez les lionceaux, les louveteaux, les petits des hyènes et des lycaons constituent les liens de base des futurs clans.

La répétition de la vraie vie — Apparemment, le jeu développe et affine différentes facultés qui, un jour, deviendront nécessaires dans une situation critique. Les coups de tête du petit impala impatient, la lutte des éléphanteaux tout excités contre des troncs d'arbres sont peut-être des répétitions pour leurs futures bagarres entre adultes lors de la saison des amours ; les embuscades ludiques des lionceaux, les charmantes chasses des petits guépards constituent sans doute une préparation à leur future vie de chasseur. Par le jeu, les petits aiguisent leurs facultés sans prendre de risques, et les erreurs – comme mordre trop fort ou renverser un autre joueur – sont toujours acceptées par les autres. Elles ne sont pas suivies de représailles, car ni le statut social, ni la nourriture, ni le partenaire ne sont jugés menacés.
Les compétences développées par le jeu sont ainsi utiles à l'adulte, qui s'en trouve mieux armé pour survivre et se reproduire. En bref, le jeu apparaît comme la répétition, dans des conditions de relative sécurité, des aventures de la vie d'adulte.

Orang-outang, *parc national de Gunung Leuser, Indonésie*
La petite April, âgée de trois ans, est une acrobate née. Elle joue constamment dans les arbres, développant ainsi son agilité.

Léopard,
réserve nationale de Masai Mara, Kenya
Dans le petit matin, Demi-Queue et sa fille Zawadi jouent. Au bout d'un moment, la mère tente de s'allonger, mais Zawadi veut continuer de s'amuser. C'est Demi-Queue qui a le dernier mot : elle immobilise sous sa patte sa fille débordante de vie.

Léopard,
réserve nationale de Masai Mara, Kenya
Zawadi, devenue mère à son tour, a pris place un matin sur un promontoire d'où elle peut scruter la plaine. Elle est rejointe par son fils, qui veut jouer. Il donne des coups de patte sur sa queue qui ne cesse de tournoyer.
Puis il s'en prend au corps et à la tête de sa mère. Zawadi réagit : montrant clairement qu'elle est la plus forte, elle maintient le petit à terre, affectueusement mais fermement.

Entelle,
parc national de Ranthambore, Inde
Le territoire occupé par cette troupe d'entelles abrite un immense banian. Chaque fois que la troupe passe à proximité de l'arbre, les adultes marquent une pause et les petits jouent. Leurs jeux sont spontanés, inventifs, et apparemment très amusants…

Orang-outang,
parc national de Gunung Leuser, Indonésie
Assis en haut d'un arbre avec sa mère, Rusli n'a pas sommeil ; il est très agité. Il s'ennuie et, curieux, entreprend l'exploration des babines de cette dernière… ce qui ne semble pas vraiment lui plaire.

Portraits

TROISIÈME PARTIE

de mères

La mère célibataire

La mère rhinocéros et son petit Sur l'échelle de la sociabilité, le rhinocéros noir se trouve au dernier rang. Le lien le plus durable est celui qui unit la mère à son petit, au cours des quatre années où ils vont vivre ensemble. La femelle ne se lie avec le mâle que pour la durée de la parade nuptiale et de l'accouplement. Après la saison des amours, le couple peut demeurer ensemble pour une courte période ou se séparer tout de suite.

Un petit rhinocéros est né, bien caché au cœur d'une épaisse végétation. Lors des premières semaines de son existence, il suit sa mère à la trace. Dans le cratère du Ngorongoro, en Tanzanie, nous avons vu des hyènes pleines d'espoir escorter le couple, cherchant à séparer le petit de sa mère. Mais cette dernière supporte mal que des hyènes ou des lions portent un intérêt un peu trop marqué à sa progéniture, et elle peut devenir très agressive. Une mère rhinocéros est capable de tuer un prédateur en l'encornant.

Quelques semaines après la naissance, la mère laisse son petit s'aventurer un peu plus loin et brouter aux alentours. La tâche de la mère célibataire est alors considérablement facilitée, puisque son petit ne figure plus au menu des prédateurs sauvages. Elle le nourrit, se repose et s'assure qu'il est toujours dans un périmètre qui lui permette de le localiser par l'odorat. Le couple passe ainsi quatre années à parcourir le territoire de la mère, repérant les principales réserves de nourriture. Puis une nouvelle saison amoureuse commence : la mère est prête à se reproduire.

pages précédentes
Lion, *réserve nationale de Masai Mara, Kenya*
Dans la lumière du petit matin, une lionne scrute la plaine pendant que son jeune se repose encore.

Rhinocéros blanc, *réserve nationale de Masai Mara, Kenya*
Une mère protège son petit. Ils vivent en solitaires pendant quelques années, au cours desquelles elle lui fait découvrir son territoire.

Orang-outang, *parc national de Gunung Leuser, Indonésie*
Cachée dans les feuillages, Chutniyadin tient son petit Rusli, blotti contre sa poitrine. Depuis que Rusli est né, Chutniyadin est devenue distante et se tient à l'écart des autres orangs-outangs, craignant qu'ils ne manifestent un peu trop d'intérêt pour son petit mâle.

Orang-outang,
parc national de Gunung Leuser, Indonésie
Suma construit un nid pour la nuit dans un durian. Nomade, elle en prépare un nouveau tous les soirs. Mère et petit y dorment ensemble blottis l'un contre l'autre. Pour se protéger de la pluie, Suma tente de bâtir un toit de branches et de feuilles. Une précaution qui ne les empêchera pas cependant d'être trempés jusqu'aux os et de frissonner. Malgré tout, ils ne bougeront plus de la nuit.

L'aisance de la mère léopard La facilité avec laquelle la mère léopard élève ses petits est impressionnante. Elle assume en célibataire toutes les tâches nécessaires à l'éducation. La mère léopard passe beaucoup de temps avec ses petits lors de la tétée et de la toilette ; elle joue et chahute avec eux. Puis elle s'éloigne et s'accorde un peu de temps – pour se reposer ou pour chasser. La remarquable caractéristique de cette organisation est que les besoins des petits – qui veulent être seuls, mais craignent que leur mère ne s'éloigne trop longtemps – sont toujours satisfaits.

Le fardeau de la mère guépard À l'inverse, les tentatives de la mère guépard pour concilier les tâches nécessaires à sa survie et à la bonne santé de ses petits sont beaucoup moins fructueuses. À la différence de la mère léopard, qui peut avoir un repaire fixe, la mère guépard est nomade et ses petits l'accompagnent partout dès leur huitième semaine. De plus, elle s'occupe en moyenne de quatre petits alors que la mère léopard n'en a que deux. Ainsi,

lorsque la mère guépard traverse les plaines à la recherche d'une proie, toujours à l'affût des dangers qui peuvent menacer ses petits, il est compréhensible qu'elle ait l'air inquiète. Les guépards n'ont pas la vie facile : ils sont en permanence à la recherche de proies et constamment harcelés par les lions et les hyènes. C'est sans doute pourquoi, à la différence des mères léopards, les mères guépards ne jouent pas beaucoup avec leurs petits.

Orang-outang,
parc national de Gunung Leuser, Indonésie
Suma porte son petit Forester sur toutes les cimes de la forêt tropicale. C'est son lieu de prédilection : elle y trouve de la nourriture et des lianes qui peuvent supporter son poids, mais qui casseraient sous celui d'un mâle.

La mère orang-outang Une fois la saison des amours terminée – la parade nuptiale, l'accouplement et la lune de miel –, le mâle orang-outang reprend ses habitudes de solitaire, habitudes qui incluent la recherche de femelles sexuellement attractives. La future mère doit se débrouiller seule, gérer huit à neuf mois de grossesse puis une longue enfance de cinq à sept ans.

Les petits orangs-outangs naissent la nuit, dans le nid de leur mère, à la cime d'un arbre. Pendant les premiers mois qui suivent la naissance, la femelle,

pages suivantes
Orang-outang,
parc national de Gunung Leuser, Indonésie
Borjong et Lear observent deux autres orangs-outangs, totalement fascinés. Mais bien vite, Lear se lassera et entamera un numéro d'acrobate virtuose en solo, non loin de sa mère.

Orang-outang,
parc national de Gunung Leuser, Indonésie
Afin de traverser une clairière, Borjong s'est mise en quête d'une liane solide sur laquelle elle se balance maintenant avec son petit. Cet exercice qui semble à priori facile requiert beaucoup de force.

habituellement assez réservée, devient d'une timidité qui frise la paranoïa. Elle se cache des autres orangs-outangs qui pourraient se montrer trop curieux vis-à-vis de son petit. Elle vit en recluse.

L'obstination avec laquelle le petit orang-outang reste avec sa mère tout au long de la journée est frappante. En fait, durant les six premiers mois, il ne la lâche – au sens littéral du terme – jamais. Lors des ascensions quotidiennes sur les cimes des arbres à la recherche de nourriture, le petit s'agrippe fermement aux longs poils qui pendent de chacun de ses flancs. Elle le nourrit et fait sa toilette, mais ne joue que très rarement avec lui. La nuit, quand elle dort dans son nid, il est toujours en contact physique avec elle. À l'âge de six mois environ, il risque une incursion en solitaire : il ose faire quelques pas sur la branche. Au cours des mois suivants, il gagne en confiance et en coordination et vagabonde fréquemment à quelques mètres de sa mère, qui se repose ou mange. Lorsqu'il atteint son troisième anniversaire, il construit son propre nid et dort à l'intérieur, non loin de sa mère. Il reste cependant constamment accroché à elle tout au long de la journée. Ce n'est que vers cinq ans que le petit orang-outang ose se déplacer seul, mais toujours sur les traces de sa mère.

Les sept premières années – période passée en contact étroit avec sa mère – sont mises à profit par le jeune orang-outang pour développer ses aptitudes et acquérir les connaissances dont il aura besoin pour survivre seul. Construire un nid pour la nuit, identifier et se procurer jusqu'à 400 types d'aliments différents, reconnaître et éviter le danger ; autant de facultés à maîtriser. Il apprend également à s'orienter dans la forêt, élaborant mentalement la carte de son territoire avec les distances, les routes et les lieux de nourriture. Il développe une adresse surprenante dans les arbres, ainsi qu'une sensibilité très fine aux différences de souplesse et de résistance des branches et des lianes. Toutes ces aptitudes sont acquises au contact de sa mère, qui, au terme des sept années d'éducation, est très certainement à nouveau enceinte.

Orang-outang, *parc national de Gunung Leuser, Indonésie*
Deya et son fils Nuri sont vraiment inséparables ; ils sont unis par des liens très étroits.

Guépard,
réserve nationale de Masai Mara, Kenya
Cette mère guépard a choisi un tronc d'arbre abattu comme poste d'observation pour guetter ses proies. Sa vie est difficile : chasser prend du temps et ses quatre petits sont trop jeunes pour éviter seuls les dangers.

Rhinocéros unicorne,
parc national de Kazaringa, Inde
Une imposante mère rhinocéros court avec son petit, soulevant un nuage de poussière. Cette espèce est extrêmement menacée, d'autant plus que son cycle de reproduction est très long.

L'union des mères

Pour environ 10 % des mammifères, dont certains primates, la survie du petit dépend de l'aide que reçoit sa mère. En effet, sans aucun soutien, cette dernière ne pourrait pas élever sa progéniture dans de bonnes conditions. À ce sujet, l'exemple des chacals à chabraque est particulièrement évocateur : chaque chacal de rang secondaire qui aide à rapporter de la nourriture permet aux parents d'élever un petit de plus dans la portée.

Les assistantes maternelles Quel motif pousse une femelle à aider l'une de ses congénères à élever ses petits ? Selon la logique de l'évolution, un animal qui a peu de chance de se reproduire tend, suivant l'instinct de survie de l'espèce, à soutenir celui qui aura facilement une descendance. Chez les loups par exemple, les assistants mâles et femelles de la meute sont généralement parents avec le mâle ou la femelle alpha et ont ainsi une bonne raison de considérer comme inutile le fait d'avoir une descendance propre. Chez un certain nombre d'espèces qui coopèrent pour élever les petits (les lycaons, les loups, les hyènes, les dingos, les mangoustes naines), les assistants tentent parfois de mettre au monde des petits, mais la femelle dominante peut harceler les nouveaux-nés. Sous la pression de cette menace, reporter l'ovulation est la solution la plus sage... la meilleure option pour des femelles qui doivent attendre que les circonstances s'améliorent, soit par la mort d'une femelle de haut rang, soit en trouvant un mâle sur un territoire inoccupé.

double page précédente
Éléphant d'Afrique, *réserve nationale de Masai Mara, Kenya*
Parfois, les éléphants d'un même groupe familial agissent comme un seul animal. Ici, ils ont senti un danger et se regroupent pour que les petits soient les moins exposés à la menace.

Vervet, *réserve nationale de Samburu, Kenya*
Les vervets agissent souvent ensemble, que ce soit pour jouer, s'épouiller, ou simplement rester assis en groupe.

Éléphant d'Afrique,
réserve nationale de Masai Mara, Kenya
La matriarche en pleine démonstration de force. On assiste ici à une attaque de parade destinée à dissuader les lions de passage de venir se frotter aux cuirs de la famille.

Babouin vert olive,
réserve nationale de Masai Mara, Kenya
Une femelle babouin de haut rang examine avec une surprenante délicatesse le nouveau-né d'une mère de rang inférieur. Si la femelle dominante considère que le petit de rang inférieur est en concurrence avec le sien, elle peut rendre la vie de sa mère particulièrement difficile.

Le « marrainage » ou le rôle de la tante Bien que tous les primates soient fascinés par leurs petits, les mères sont, selon les espèces, plus ou moins enclines à laisser quelqu'un d'autre s'occuper de leur progéniture. Chez les babouins et les macaques, caractérisés par des clans organisés selon une hiérarchie matrilinéaire, les mères rechignent à « prêter » leurs petits. Si une femelle subordonnée tend son petit à une mère dominante, il est fort possible que celle-ci ne le prenne pas en charge ; il court alors le risque de se déshydrater, et d'en mourir. Mais il y a aussi des espèces de primates où les femelles sont très liées, avec des hiérarchies beaucoup plus souples, et où les mères n'ont aucun scrupule à laisser leurs congénères s'occuper de leur progéniture. Les petits des vervets, des colobes et de nombreux semnopithèques d'Asie sont surveillés la plupart du temps par d'autres femelles que leur mère, une pratique connue sous le nom de « marrainage ». Au sein de ces espèces, les jeunes femelles peuvent utiliser le « marrainage » pour apprendre à s'occuper des petits, ce qui les aidera à être de bonnes mères lorsque leur tour sera venu. La mère apprécie le rôle de ces

« nourrices », qui lui permettent d'économiser une partie de son énergie que, seule, elle aurait été obligée de mettre entièrement au service de ses petits.

L'aide des mâles — Si les femelles babouins ne s'entraident pas, elles n'hésitent pas en revanche à solliciter les mâles, même si ceux-ci ne sont pas toujours les pères des petits. Les compagnons leur donnent de petits morceaux de nourriture et les laissent parfois grimper sur leur dos ; mais leur fonction la plus importante est de protéger les mères du harcèlement des autres membres du groupe, leur permettant ainsi de se consacrer pleinement à leur progéniture.

Celles qui délèguent le mieux leurs responsabilités maternelles sont sans nul doute les mères ouistitis et tamarins d'Amérique Centrale et du Sud. Parce qu'elles donnent naissance à des jumeaux, le poids total des deux petits peut représenter jusqu'au quart du poids de la mère, lourde charge lors de l'allaitement. La stratégie de la mère est alors de trouver des pères supplémentaires. C'est sans doute la raison pour laquelle la femelle s'accouple avec plusieurs mâles, qui aideront tous ensuite à élever les petits. Plus il y a de mâles pour aider les mères, plus il y aura de petits qui survivront. De plus, chez la plupart de ces espèces, les femelles ovulent juste après avoir mis bas, ce qui encourage peut-être les mâles à ne pas s'éloigner. Chez les pinches à crête blanche, les mâles vivent eux aussi des variations hormonales qui les incitent à prendre soin des petits. Ces derniers sont nourris par les mères, mais transportés et surveillés par les mâles.

Le matriarcat des éléphants — Femelles éléphants et éléphanteaux vivent ensemble dans une unité familiale. Une famille rassemble des femelles parentes et leurs petits – du nouveau-né aux adolescents mâles et femelles de dix ou onze ans. Les familles sont très unies. Chaque groupe est dirigé par la femelle la plus vieille, la matriarche. Les jeunes femelles éléphants restent à vie dans leur famille ; elles peuvent commencer à se reproduire vers l'âge de douze ou treize ans. Les mâles, quant à eux, quittent la cellule familiale dès qu'ils ont atteint leur maturité sexuelle, c'est-à-dire à l'âge de quatorze ans environ.

La cellule familiale éléphant est bien organisée. La matriarche dirige les activités quotidiennes : le choix des destinations, le moment où il faut partir chercher de l'eau, chercher de l'ombre ou dormir. Sachant qu'un troupeau peut évoluer sur un territoire de près de 1 500 kilomètres carrés, la survie du groupe dépend de l'expérience de la matriarche. Elle connaît les lieux riches en nourriture, les points d'eau et les endroits dangereux. Sous ses ordres, toute la famille coopère. Lorsqu'un danger menace, les éléphants se rassemblent, les adultes faisant face au danger, et les petits restant protégés au cœur du groupe. Les très jeunes éléphanteaux reçoivent toujours beaucoup d'attention de la part de leur mère et des plus grandes sœurs : lorsque le groupe marche en terrain difficile, ces dernières donnent confiance aux petits en les caressant ou en les guidant de la trompe ; s'ils tombent, elles les aident à se relever à l'aide de leur trompe ou d'une patte. Lors de la traversée d'une rivière, les adultes s'assurent toujours que les éléphanteaux seront assistés en cas de difficultés.

L'éléphant a la plus longue enfance de tous les mammifères, à l'exception des humains. Durant cette longue période, il tire profit du soutien et de la protection de sa mère, ainsi que de l'attention que lui accordent les tantes et les grandes sœurs. Dans cette atmosphère, il apprend rapidement quel est son rôle dans le système social, et assimile l'expérience essentielle à sa survie.

Le matriarcat des lions — Un clan de lions est constitué d'un groupe très uni de femelles adultes, de petits encore dépendants et d'une coalition de mâles. Le territoire du groupe appartient aux femelles, qui se le transmettent de mère en fille. Les mâles ne sont pas apparentés et prennent le contrôle du clan après avoir évincé les mâles résidents. Ils jouent le rôle de père pour leurs petits et défendent le clan contre les groupes mal intentionnés de mâles itinérants. Ils vont et viennent, tandis que le matriarcat traverse les générations et structure le clan.

La crèche des lions — Lorsque, dans un même clan, deux lionnes ou plus mettent bas à la même époque, l'instinct grégaire des mères se renforce. Elles mettent en place une « crèche », dans laquelle elles élèvent leurs petits et qui devient le centre du clan. Toute lionne sans progéniture quitte ou intègre le groupe à sa guise, en utilisant la crèche comme point de rencontre. Les petits y jouent beaucoup, s'ébattent bruyamment entre les mères, ne faisant apparemment aucune distinction entre leur propre mère et les autres lionnes, qui couvrent d'ailleurs tous les petits de grands coups de langue et leur prodiguent d'autres formes de tendresse, sans aucune discrimination.

Lion, *réserve nationale de Masai Mara, Kenya*
Cette lionne appartient au clan de la plaine Topi. Elle vient juste de nourrir son petit et se repose dans la fraîcheur matinale. Tandis que les autres lions dorment encore, le jeune lionceau fait tout son possible pour attirer l'attention de sa mère.

Lion, *réserve nationale de Masai Mara, Kenya*
Le clan de la plaine Topi a terminé son repas : un gnou tué dans la nuit. Un par un, les lions se dirigent vers une flaque d'eau de pluie pour étancher leur soif.

L'allaitement communautaire Les lionceaux tètent beaucoup, surtout jusqu'à l'âge de quatre mois. Même si une mère de crèche allaite bien plus ses propres lionceaux que ceux des autres, près d'un tiers de son lait est finalement bu par des petits qui ne sont pas les siens. Tous les lionceaux savent très précisément, à chaque instant de la journée, quelle mère a le plus de lait, et ils n'hésitent pas à tenter leur chance. Les lionnes ne parviennent que rarement à dissuader les petits affamés. C'est pourquoi il n'est pas rare qu'une lionne allaite deux à trois petits d'âges différents.

Pourquoi les mères s'occupent-elles ainsi des petits des autres ? D'abord, parce qu'un régime varié – téter le lait de toutes les lionnes de la crèche – permet aux petits d'acquérir un plus grand éventail d'anticorps et d'être ainsi mieux protégés contre les maladies. Mais on peut aussi évoquer une autre raison. Supposons que par malchance, une mère tombe malade ou soit blessée : grâce à l'allaitement communautaire, son petit sera nourri jusqu'à ce qu'elle ait repris des forces. Il existe également un instinct génétique : toutes

les mères étant apparentées d'une façon ou d'une autre, elles ressentent le besoin de nourrir une progéniture qui partage, en partie, leurs gènes. Enfin, l'allaitement communautaire est le prix que paient les mères pour conserver les avantages d'un groupe soudé et plus apte à protéger leurs petits. En effet, les lions intrus ont tendance à chercher les petits d'autres mâles et à vouloir les tuer. Pour assurer leur sécurité, les mâles du clan forment une première ligne de défense, mais il leur arrive de ne pas être là au bon moment ou d'être finalement évincés par leurs rivaux. Une mère seule est sérieusement désavantagée pour défendre ses petits contre des mâles infanticides. Un mâle étant une fois et demi plus gros qu'une femelle, cette dernière n'a absolument aucune chance de s'en sortir seule face à l'un d'entre eux. La solidarité entre mères permet donc aux lionnes de surmonter leur infériorité de poids et de créer une seconde ligne de défense vraiment efficace.

Lion, *réserve nationale de Masai Mara, Kenya*
Au petit matin, le clan de la plaine Topi retourne se reposer dans un fourré. Le groupe regorge d'énergie et de curiosité : même les lionnes qui accompagnent les petits se mêlent au jeu et à l'examen de tout ce qui se présente sur le chemin.

Babouin vert olive, *réserve nationale de Samburu, Kenya*
Alors que son tout petit s'entraîne à la marche, la mère se repose en toute tranquilité, rassurée par la présence de son compagnon. Grand et fort, il protégera le jeune babouin de tous les dangers.

Les mères babouins et les rangs sociaux Au sein des groupes de babouins vert olive (ainsi que chez les vervets et les macaques), les femelles constituent le cœur de la société et sont toutes apparentées d'une façon ou d'une autre. La femelle babouin grandit entourée de sa mère, de ses sœurs et de ses tantes et cousines. Ce qui caractérise la société des babouins, c'est l'organisation hiérarchique de clans matrilinéaires.

Avec le soutien de leur mère et d'autres parentes, les filles nées de femelles de haut rang s'élèveront dans la hiérarchie et transmettront à leur tour les avantages de leur rang à leurs filles (comme pouvoir se reproduire sitôt qu'elles ont atteint la maturité, et avoir de plus grandes chances de survie pour leur progéniture). La femelle babouin introduit son petit dans le réseau des relations sociales qu'elle a créé. Ces avantages sociaux sont donc transmis au fil des générations comme des spécificités maternelles.
L'une des caractéristiques de ce système de castes sociales est que toutes les mères babouins ne coopèrent pas entre elles. À l'intérieur d'une même caste,

elles se rassemblent pour supprimer ou exclure les filles de castes inférieures qui cherchent à s'élever, tout en veillant à accorder des positions sociales avantageuses aux membres de leur propre groupe.

Le harcèlement envers les femelles de castes inférieures est particulièrement visible dans les différentes façons qu'ont les mères babouins de s'occuper de leurs petits. On peut indéniablement lier à leur rang social l'attitude décontractée de certaines femelles et la surprotection exercée par d'autres sur leurs petits. Les femelles de haut rang ont tendance à être moins protectrices que celles de rang inférieur. Elles peuvent se permettre d'être plus détendues car il y a peu de chance qu'on ose s'attaquer à leur progéniture. Il n'est pas rare que des babouins se montrent craintifs devant des jeunes de castes supérieures et qu'ils évitent de les croiser – sans doute pour éviter d'éventuelles représailles de la mère. Les femelles des castes inférieures n'ont pas ce privilège : leurs petits peuvent être maltraités par des femelles de haut rang sans qu'aucune représaille ne soit possible. On comprend alors leur surcroît de protection.

Babouin vert olive, *réserve nationale de Masai Mara, Kenya*
Une mère, son petit sur le dos, a pressenti le danger ; elle s'enfuit pour se débarrasser d'une femelle dominante qui approche.

La société babouin limite toute évolution sociale. Mais l'appartenance au clan assure à chaque individu une forme de protection.

Les héritages dans les matriarcats Dans les sociétés de babouins, de vervets et de macaques, c'est la plus jeune des filles qui hérite de la position sociale de la mère, tandis que les filles plus âgées lui sont subordonnées. La benjamine trouve une alliée chez sa mère et parfois chez d'autres femelles de rang élevé, qui la soutiennent quand elle se trouve confrontée à sa sœur, plus grosse, plus lourde, et surtout ancienne dominante.

Dans les matriarcats stables des éléphants et des lions, les filles héritent, en plus, d'un territoire et des connaissances nécessaires pour y évoluer. À leur tour, elles le transmettront à leur fille, et ainsi de suite, de génération en génération.

Babouin vert olive,
réserve nationale de Samburu, Kenya
En sécurité dans les bras de sa mère, un jeune essaie d'attirer l'attention de son compagnon, un mâle plutôt affectueux.

Hyène tachetée,
réserve nationale de Masai Mara, Kenya
Le soleil se lève sur la tanière commune. Les hyènes, parties à la chasse dans la nuit, reviennent l'une après l'autre. Un jeune s'élance pour accueillir sa mère.

Éléphant d'Afrique,
réserve nationale de Samburu, Kenya
Lors de la traversée de la rivière Ewaso Nyiro, les jeunes occupent le centre de la file. Les éléphants s'entraident pour la protection des petits, lorsqu'ils se déplacent mais aussi lorsqu'ils broutent.

Une mère chimpanzé

double page précédente
Chimpanzé, *réserve nationale de Gombe, Tanzanie*
Une mère s'est trouvé un endroit tranquille pour se reposer ; mais son petit, bien agité, ne la laisse pas en paix.

Chimpanzé, *réserve nationale de Gombe, Tanzanie*
Les chimpanzés sont en route. Patti ferme la marche avec Tarzan, son petit mâle, perché sur son dos. Patti a immigré dans la communauté et était à l'origine une femelle de rang inférieur. Elle est montée dans la hiérarchie et occupe à présent l'un des rangs les plus élevés.

Les grands singes sont les primates ayant la plus longue durée de vie : un chimpanzé ou un gorille peuvent vivre jusqu'à cinquante ans dans la nature. On observe généralement que les évolutions individuelles sont plus lentes chez les espèces ayant une telle espérance de vie. La grossesse dure de sept à huit mois chez les chimpanzés, plus de huit mois chez les gorilles et près de neuf mois chez les orangs-outangs. S'ensuit une longue période d'allaitement, gouffre à calcium, qui dure entre trois et cinq ans. Et de surcroît, les mères ne se déplacent jamais sans leurs petits.

Un petit chimpanzé tète pendant environ trois ans, avant d'être progressivement sevré au cours de ses quatrième et cinquième années (sa mère est alors le plus souvent à nouveau gravide). Il continue à vivre avec sa mère jusqu'à son adolescence, vers huit ou neuf ans. Il n'est donc pas rare de voir une mère chimpanzé accompagnée par deux ou trois petits dépendants, qui ont quatre à cinq ans de différence. Ils atteignent la puberté vers dix ans, et l'âge adulte une ou deux années plus tard.

Chimpanzé, *réserve nationale de Gombe, Tanzanie*
La communauté des chimpanzés Kaskela a ralenti son activité. Certains s'épouillent, d'autres se reposent. Fanni a décidé de faire la sieste, mais elle est dérangée par son fils, Fundi, qui joue autour d'elle.

Flo Flo est sûrement l'individu qui représente le mieux la mère chimpanzé. Sa patience, son dévouement et son ambition pour ses petits en font une mère très entreprenante. Elle semble être tout autant stratège qu'opportuniste, passant des accords, concluant des alliances, manipulant ses adversaires (c'est-à-dire les autres mères), et ne facilitant pas la vie des petits de rangs inférieurs. Ses compromis et ses tactiques ne sont pas automatiques, mais dépendent toujours des circonstances.

À Gombe, en Tanzanie, Flo s'est débrouillée pour se ménager un territoire sûr et riche, dont les frontières sont surveillées par les mâles. Nombre d'entre eux sont d'anciens partenaires, et quelques autres, ses propres petits devenus adultes. Flo est ainsi protégée des mâles de l'extérieur qui, de temps en temps, risquent des raids sur sa communauté, pour tuer des petits mais aussi des adultes.

L'héritage de Flo Parce que Flo soutient sa progéniture, elle a permis à Fifi, sa fille, de s'approprier ses avantages. Fifi n'a pas eu à émigrer loin de son lieu natal, comme la moitié des femelles nées à Gombe, mais a pu rester sur place, profitant pleinement du riche territoire de sa mère et de ses relations et bénéficiant de la protection des mâles. Elle a commencé à se reproduire à un âge exceptionnellement précoce et a successivement mis bas sept petits, dont six ont survécu – une réussite exceptionnelle pour une mère chimpanzé sauvage. Fifi détient également le record du plus court intervalle entre les mises bas. Son premier fils, Freud, était un mâle dominant, et son deuxième fils, Frodo, le dominant actuel, est le plus grand mâle jamais répertorié à Gombe. Fanny, son troisième enfant, détient le record de la plus jeune grossesse pour avoir donné naissance à son premier bébé à l'âge de huit ans et demi. La famille de Flo continue de prospérer.

Chimpanzé,
réserve nationale de Gombe, Tanzanie
Fanni, la mère chimpanzé, dort. Au bout d'un moment, fatigué de jouer, Fundi s'approche d'elle et s'installe sur sa poitrine pour dormir.

Chimpanzé,
réserve nationale de Gombe, Tanzanie
Dans un coin reculé, une mère se repose tout en gardant un œil sur son petit.

Chimpanzé,
réserve nationale de Gombe, Tanzanie
Une mère répond aux appels des autres membres du groupe, mais son petit n'a pas encore conscience de la communication qui vient de s'établir.

L'appel de l'âge adulte

double page précédente
Tigre,
parc national de Ranthambhore, Inde
Alors que Noorjahan marque une pause pour scruter l'horizon, l'un de ses trois jeunes cherche à comprendre ce qu'elle regarde. Il est tôt et la tigresse est à la recherche d'une proie. Les jeunes dépendent encore d'elle pour leur nourriture, bien qu'ils soient maintenant capables d'attraper de petits animaux.

Lion, *réserve nationale de Masai Mara, Kenya*
Alors que le reste du clan se reposait à l'ombre, l'une des lionnes du marais, restée aux aguets, s'est abattue sur une proie sans méfiance. Un succès ! Après avoir averti les autres, y compris sa fille, elle retourne vers le cadavre. Les liens entre la mère et la jeune lionne sont forts.

Des modifications hormonales L'adolescence est la période où le petit subit des transformations importantes. Il est alors capable de sautes d'humeur imprévisibles et imprudentes ! Les mâles babouins, par exemple, grandissent d'un coup lors de la puberté et dépassent très vite la taille des femelles. Leurs grandes canines deviennent bien visibles et leur crinière d'adulte pousse. Durant cette période de tourmente hormonale, ils commencent à tester leur force sur les autres, y compris sur les femelles. Les babouins mâles adolescents peuvent également se montrer totalement imprévisibles entre eux.

Les changements neuronaux On a longtemps pensé que les changements hormonaux étaient responsables des humeurs caractéristiques de l'adolescence. Mais de récentes recherches montrent que les informations qui circulent dans le cerveau peuvent également expliquer ces comportements. On croyait communément que le cerveau arrêtait de croître assez tôt dans la vie du mammifère, et que toutes les connections étaient parvenues à maturité bien avant l'adolescence. Mais on sait aujourd'hui que quelques-uns des canaux neuronaux poursuivent leur croissance jusqu'à l'adolescence. Le cerveau subit en particulier une réorganisation majeure dans la zone associée au comportement social et au contrôle des impulsions. Le résultat en est que les adolescents ne sont pas capables de gérer correctement la pression, le stress du groupe et leurs désirs instinctifs, ce que savent par contre faire les adultes.

Léopard,
réserve nationale de Masai Mara, Kenya
Manga, le fils de Demi-Queue, examine la tortue qu'il vient de trouver et teste si elle se mange. Il vit maintenant seul la plupart du temps. Parfois, il lui arrive de retrouver Demi-Queue. Dans quelques semaines, il sera véritablement autonome.

Le conditionnement social — Même lorsque les réseaux neuronaux sont en place, la transformation d'un adolescent lunatique et peu sûr de lui en un adulte équilibré est loin d'être évidente, surtout chez les mammifères sociaux. Prenons l'exemple des éléphants. Chez ces géants sociaux, les filles restent généralement dans leurs groupes de naissance, qui sont des matriarcats stables et multigénérationnels, alors que les jeunes mâles partent à l'aventure après avoir ressenti les violents désirs provoqués par leurs hormones sexuelles. Les récentes tueries de femelles adultes qui ont eu lieu dans le Kruger National Park, en Afrique du Sud, ont entraîné l'apparition de groupes anarchiques de jeunes mâles orphelins et agressifs. Et même après avoir été transportés dans une autre région, ces adolescents violents ont encore tué quarante rhinocéros – chose que des éléphants socialement disciplinés ne feraient jamais. Ce n'est qu'après l'introduction de mâles qui avaient grandi de façon traditionnelle et qui ne toléraient pas le comportement de ces jeunes qu'une certaine maturité a pu leur être inculquée.

Les félins solitaires — Pour un jeune mammifère, quitter le clan comporte de nombreuses difficultés. Chez certaines espèces, comme les loups, les parents aident leur progéniture à vivre cette difficile transition. Chez les lions par contre, les jeunes mâles rechignent à quitter leur clan et doivent finalement être chassés par les mâles adultes, les lionnes restant spectatrices. À plusieurs occasions, nous avons pu voir ces jeunes mâles traîner, l'air désespéré, non loin du territoire du clan. Ils ne seront pas réintégrés. Ils sont là, désemparés, nerveux et anxieux… totalement seuls.

Les guépards adolescents restent longtemps très proches de leur mère et son départ soudain, imprévu et sans témoins, les laisse dans une dangereuse solitude. Pendant quelques jours, ils errent sans comprendre la situation, et appellent avec inquiétude à intervalles réguliers. Petit à petit, ils réalisent que leur mère est vraiment partie, et tentent de survivre sans sa présence rassurante. Nous avons suivi un groupe de cinq jeunes guépards abandonnés (une femelle et quatre mâles) ; leur vie est très difficile. Ils passent toutes leurs

Guépard,
réserve nationale de Masai Mara, Kenya
Queen, la mère guépard, a repéré une colonne d'impalas. Accompagnée de ses trois jeunes, elle choisit sa cible. Finalement, elle s'attaquera à un adulte et l'un des jeunes tuera un faon.

Orang-outang,
parc national de Gunung Leuser, Indonésie
Sasha fait une sieste à l'ombre d'une feuille géante et semble perdue dans ses pensées. C'est une jeune femelle très introvertie. Bientôt, elle sera autonome.

journées à rechercher des proies et ne survivent qu'en tuant de petits animaux comme les lièvres. Pourtant, peu à peu, ils deviennent des chasseurs très efficaces. Après quelques mois, la femelle abandonne d'elle-même le clan, alors que les quatre autres mâles restent ensemble. La femelle est devenue une mère exemplaire, tandis que les jeunes mâles se sont accouplés avec d'autres femelles de passage.

De façon générale, chez les félins, lorsqu'un jeune mâle quitte le clan pour créer son propre territoire, il s'éloigne le plus possible de celui de la mère. S'il ne trouve pas d'espace libre où s'installer, il vit une existence de nomade, essayant d'éviter les occupants des autres territoires jusqu'à ce qu'il se sente suffisamment fort pour provoquer un duel. En ce qui concerne les jeunes femelles, il arrive que les mères leur permettent d'établir un nouveau territoire à côté du leur, voire d'empiéter sur le territoire maternel.

Grandir — Certains jeunes adultes ne parviennent pas à survivre seuls. Ils meurent parfois au cours de cette brève période de vagabondage solitaire : la faim, les prédateurs, les agressions des adultes établis constituant autant de sources d'épuisement. D'autres jeunes adultes refusent même de tenter l'aventure. Il arrive que les chacals à chabraque, par exemple, restent avec leurs parents et les aident à élever la génération suivante.

Grandir et mûrir sont des phénomènes très différents. Les mâles babouins en sont une bonne illustration. Tous les mâles atteignent leur taille adulte – à moins qu'ils ne soient mal nourris –, mais quelques-uns ne mûrissent jamais, car ils n'ont pas tiré les leçons de leur jeunesse.

Orang-outang, *parc national de Gunung Leuser, Indonésie*
Les orangs-outangs adolescents peuvent passer des journées entières à flâner. Cepi, une jeune femelle, est ainsi restée de longues heures assise sur ce tronc d'arbre, à mâchonner des tiges de bambou.

Lion, *réserve nationale de Masai Mara, Kenya*
Une demi-heure après le lever du soleil, une mère fait la toilette de sa fille. Les jeunes lionnes pourront rester dans le clan, les jeunes mâles devront le quitter à leur maturité.

double page suivante
Lion, *réserve nationale de Masai Mara, Kenya*
Une famille éléphant avance tout en broutant.

*Un grand merci à Anne-Laure Pernecker pour son enthousiasme,
son inépuisable énergie et ses touches artistiques, ainsi qu'à Sneh Shah
pour avoir résolu, tout en douceur, de complexes problèmes logistiques.
Tous mes remerciements également à Elizabeth Eulry pour son engagement,
Nathalie Bec pour son professionnalisme toujours chaleureux,
Audrey Sednaoui pour avoir su laisser respirer et parler les photos
et, bien sûr, à Catherine Laulhère-Vigneau pour avoir cru en ce projet.*